JN412013

부알로의 시학

나남
nanam

한국연구재단 학술명저번역총서
서양편 460

부알로의 시학

2026년 2월 5일 발행
2026년 2월 5일 1쇄

지은이 니콜라 부알로
옮긴이 김익진
발행자 趙相浩
발행처 (주)나남
주소 10881 경기도 파주시 회동길 193
전화 (031) 955-4601 (代)
FAX (031) 955-4555
등록 제 1-71호 (1979. 5. 12)
홈페이지 http://www.nanam.net
전자우편 post@nanam.net

ISBN 978-89-300-4198-0
ISBN 978-89-300-8215-0 (세트)

책값은 뒤표지에 있습니다.

이 책은 2022년 대한민국 교육부와 한국연구재단이 우리 시대 기초학문의 부흥을 위해 펼치는 학술명저번역사업의 지원을 받은 책입니다(2022S1A5A7080034).

한국연구재단
학술명저번역총서
460

부알로의 시학

니콜라 부알로 지음
김익진 옮김

나남
nanam

L'Art poétique

de

Nicolas Boileau-Despréaux

차례

일러두기

1. 이 책은 프랑스 갈리마르출판사의 플레이아드 컬렉션《부알로 작품 전집》(1966년)을 우리말로 옮긴 것이다.
2. 번역 저본으로는 프랑수아즈 에스칼이 편집한 판본(Boileau, *Œuvres complètes*, Édition de Françoise Escal, Introduction d'Antoine Adam, Parution le 21 Octobre 1966, Bibliothèque de la Pléiade, n°188, 1966)을 사용했다.
3. 위의 판본을 주 텍스트로 삼되, 구두점이 현대 프랑스어와 전혀 다르게 쓰여 해석이 부자연스러워진다고 판단될 때는 현대 프랑스어로 옮긴 텍스트들을 참조하면서 현대적 감각에 맞는 번역을 지향했다.
4. 외래어 표기는 국립국어원의 외래어표기법을 따랐다.
5. 본문의 각주는 모두 옮긴이 주다.
6. 고유명사를 발음대로 표기할 때는 그 원어를 각주에 명기했다. 인명의 경우 각주에 이름 전체를 한국어로 명기하고 괄호 안에 원어와 생몰 연대를 표기했으며, 필요한 경우 인물에 대한 설명을 첨가했다.
7. 작품명은 겹화살괄호(《 》)로, 논문명 혹은 챕터 제목은 홑화살괄호(〈 〉)로 표시하고, 필요한 경우 원어를 각각 이탤릭체와 명조체로 병기했다.
8. 본문 우측에 표기된 숫자는 프랑스어 원문의 행수다.
9. 부록 1, 2는 독자의 이해를 돕기 위해 옮긴이가 쓴 것이다.

제1가

L'Art
Poétique

Nicolas
Boileau-Despréaux

파르나소스산[1]에서 의욕만 가득한 작가가
시법詩法의 정상에 오르려 해봐야 헛된 일이다.
만일 그가 하늘의 비기秘氣를 감지 못한다면,
만일 그의 별이 애초 그를 시인 삼지 않았다면,
그는 늘 자신의 편협한 재능에 갇혀, 그에게
포이보스[2]는 귀를 닫고 페가수스[3]는 꿈쩍도 않는다.
자, 그러니 위험한 열정에 불타
문인文人의 가시밭길로 뛰어드는 그대여,
시에 매달려, 얻는 것 없이 힘을 소진 말고
운 맞추는 취미를 재능이라 여기지도 말라.
덧없는 쾌락을 향할 미혹迷惑의 미끼를 삼가고
그대의 재능과 열정을 충분히 점검하라.
뛰어난 정령精靈들로 가득 찬 자연은

---

1 le Parnasse. 그리스에 있는 산으로, 신화에 따르면 이 산에 시의 여신인 뮤즈들과 태양의 신이자 서정시의 신인 아폴론이 살고 있었다고 한다. 여기서는 시의 세계를 상징하는 표현으로 쓰였다.

2 시의 신이기도 한 아폴론의 다른 이름이다. 프랑스어로는 'Phébus' 혹은 'Phoebus'로 표기한다. 재능이 부족한 시인이 쓴 시는 시의 신인 아폴론에게 들리지 않는다는 의미이다.

3 Pégase. 시의 영감을 얻을 수 있는 샘을 솟아오르게 하고, 영감을 받은 시인을 태우고 하늘을 난다는 그리스신화의 날개 달린 말이다.

작가에게 재능을 나누어 줄 수 있다.
어떤 이는 사랑의 불꽃을 운문으로 그릴 수 있고
어떤 이는 재기의 필치로 경구시[4]를 벼릴 수 있다.
말레르브[5]는 한 영웅의 위업을 찬양할 수 있고
라캉[6]은 필리스[7]와 목동, 그리고 숲을 노래할 수 있다.
허나 자기만족과 자기애에 빠진 사람은
재능을 과신하며 제 실체를 파악하지 못하곤 한다.

---

4 Epigramme. 고대 그리스 시대부터 존재해온 풍자시의 형식으로, 17세기와 18세기 프랑스에서는 문학적 논쟁이나 정적과의 논쟁에 자주 사용되었다. 어떤 인물이나 사건을 기발하고 날카로운 표현으로 비꼬고 풍자한 내용으로 보통 2~4행으로 이루어진다.

L'autre jour au fond d'un vallon,	저 옛날 골짜기 깊은 곳에서
Un serpent piqua Jean Fréron.	뱀이 장 프레롱을 물었어요.
Que croyez-vous qu'il arriva?	어떻게 되었을까요?
Ce fut le serpent qui creva.	죽은 건 뱀이었어요.
(Voltaire)	

5 프랑수아 드 말레르브(François de Malherbe, 1555~1628년)는 플레이아드파 전통과의 단절을 표방하고 시의 간결성과 명료함을 주장하여, 프랑스 고전주의 시학의 미학적 원천을 제공한 이로 여겨지는 시인.

6 오노라 드 뷔유, 라캉 후작(Honorat de Bueil, marquis de Racan, 1589~1670년)은 말레르브의 제자로, 1625년 출간한 대표작《목가牧歌, *Les Bergeries*》에서 전원의 풍경과 삶을 노래했다.

7 'Philis'는 초목의 잎을 뜻하는 그리스어 '*φύλλωμα*'에서 온 말로, 주로 여성 이름으로 사용됐다. 16~17세기 프랑스 목가에서 자주 등장하는 여자 주인공 이름이다.

그래서 예전에 파레8라는 이름을 적으며

카바레 벽에 목탄으로 운韻이나 끄적이던 자9가

---

8 니콜라 파레(Nicolas Faret, 1596~1646년)는 동시대인들에게 오네트테*honêteté*의 교본으로 여겨졌던《오네톰, 궁정에서 호감을 사는 법*L'Honeste Homme, ou l'art de plaire à la cour*》의 저자다.《시학》의 1713년 판본 각주에서 부알로는 파레가 생타망의 친구임을 명시했기 때문에 위의 시구에서 부알로가 파레와 생타망을 같은 부류의 질 낮은 시인으로 평가하고 있다는 해석이 가능하다.

그러나 사실 파레는 생타망 장난의 직접적 피해자였고 그 둘은 친구가 될 수 없는 사이였다. 그 이유는 첫째, 파레는 독실한 기독교 신자이자 오네톰의 모델로 여겨진 반면, 생타망은 동시대인들에게 리베르탱libertin으로 알려져 있었기 때문이다. 파레는 앞서 언급한 자신의 작품에서 자주 리베르탱을 적대시한다.

둘째, 파레는 자신의 저서《오네톰, 궁정에서 호감을 사는 법》의 한 장章인〈같은 신분 간의 대화De la conversation des esgaux〉편에서 자신의 이름인 파레Faret와 카바레cabaret라는 단어로 운을 맞춘 시들을 언급하며 유감을 표명했기 때문이다. 이러한 운을 처음으로 사용한 사람이 바로 생타망이었다.("Ainsi chatoient au Cabaret,/ le bon gros Sainct Amant, et le vieux père Faret"; *Œuvres*, 1629, p.244, 모리스 마장디Maurice Magendie의 주석에서 재인용). 따라서 이 둘을 같은 부류로 보고 공격하는 부알로는 두 사람 사이를 잘 모르고 있었던 것 같다.

9 생타망(Saint-Amant, 1594~1661년)은 17세기 전반에 리베르탱으로 분류된 시인이다. 동시대인들은 그를 외설적이고 괴팍한 삼류 시인 정도로 여겼으나, 이후 19세기에 테오필 고티에가 그를 낭만주의 선구자들 중 한 사람으로 추앙했다. 그의 작품《구원받은 모세》는《구약성서》,〈출애굽기〉2편에 어린 모세가 나일강에서 구조되어 이집트 파라오의 양자가 되는 부분을 다룬 것으로, 12편 6,000행에 이르는 서사시 형태의 장시다.

어쭙잖게, 건방진 어조로
감히 히브리인들의 승리의 탈출을 노래하고
사막을 가로질러 모세를 뒤쫓다
파라오와 함께 달려 바다에 빠져 버리는 것이다.[10]

주제가 무엇이건, 익살일 때도 숭고할 때도
항상 각운脚韻이 양식良識에 어우러지게 하라.
이 둘은 서로 상극으로 보이나
각운은 노예여서 복종할 뿐이다.
각운의 모색에 우선 전념하다 보면
각운은 쉽사리 발견된다.
이성[11]의 명에에 각운은 쉬이 휘어져
이성을 방해하기는커녕 이성을 받들어 살찌운다.
그러나, 이성을 소홀히 할 때 이성은 저항하고
의미가 이성을 따라잡으려 뒤쫓게 된다.

---

10 부알로는 생타망이 자신의 시에서 모세가 히브리 민족을 이끌고 홍해를 건너는 장면을 노래할 때 이 행렬을 물고기들이 바라보고 있다는 식으로 불필요한 묘사를 늘어놓았다고 생각하고(《시학》, 제3가, 260~265행 참조), 생타망이 파라오와 함께 익사하고 있다고 표현한 것이다.

11 데카르트에 따르면 양식bon sens과 이성raison은 다른 것이 아니다. "거짓으로부터 진실을 구별해 내는 능력distinguer le vrai d'avec le faux"이라는 데카르트적 의미로 부알로도 양식과 이성을 구별하지 않고 사용하고 있는 듯하다.

그러니 이성을 사랑하여 그대 글의 광채와 가치는
항상 오로지 이성에서만 빌려오기를.
흔히들 무분별한 열정에 격앙되어
상궤를 벗어나 시상詩想을 좇곤 한다.
그들은, 기괴한 시를 쓰면서, 만일 여타 작가와
생각이 같으면 격이 떨어진다고 믿는 듯하다.
이런 과도함을 피하자. 그 우만한 번뜩임을 향한
수선스러운 광기는 이탈리아에나 남겨 두자.[12]
모든 것은 양식良識을 지향해야 한다.
허나 양식을 향한 길은 미끄러워 가기 어려운 법,
행여 그 길에서 미끄러지면 바로 익사한다.
이성이 가는 길은 언제나 하나뿐이다.
때로 어떤 작가는 묘사 대상에 너무 집착하여

---

12 프랑스 궁정은 물론 파리 살롱에도 널리 퍼져 있었던 프레시오지테풍의 표현이나 어법의 과장을 풍자한 것이다. '우만한 번뜩임faux brillants'이란 부알로의 표현은 프레시오지테를 지향하는 작가들이 가장 높이 평가하던 재치 있는 묘사들을 칭하는 것이다. 프레시오지테는 카트린 드 메디치나 마리 드 메디치 등 이탈리아 메디치가의 딸들이 프랑스 왕비가 되면서 그 당시 문화적으로 선진국이었던 이탈리아로부터 유입되었다. 앙투안 아당은 플레이아드판 주석에서 부알로가 구체적으로 17세기 전반에 프랑스에서 유행하던 이탈리아 르네상스 작가 타소〔르 타소〕와 아리오스토를 겨냥하고 있다고 설명했다.

끝장을 보기 전에는 결코 그 대상을 놓지 않는다.
그가 궁전을 만나면 전면前面을 그려 보이느라
나를 이 테라스에서 저 테라스로 끌고 다닌다.
이곳에 현관 층계가 보이고, 저곳에 복도가 펼쳐지며
저쪽 발코니는 금빛 난간으로 둘러져 있다.
그가 천장의 원과 타원을 세어 나가니
"꽃모양 장식뿐이고, 쇠시리[13]일 뿐."[14]
나는 그 끝을 찾아내려 스무 장을 건너뛰고
정원을 가로질러 가까스로 빠져나온다.
이런 작가들의 쓸데없는 수다를 피하고,
헛된 세부 묘사에 연연하지 마라.
과도한 묘사는 무미하고 역겨우니
과식한 정신은 이를 바로 토해 낸다.
자제自制를 모르면 결코 시를 쓸 수 없는 법.
완전치 못할까 두려워 더 큰 잘못에 빠지기도 한다.

---

13 원기둥에서 기둥과 기둥머리 사이에 들어간 구슬선 모양의 장식.

14 조르주 드 스퀴데리(Georges de Scudéry, 1601~1667년)의 서사시《알라리크 혹은 함락된 로마*Alaric ou la Rome vaincue*》3장의 한 구절 "Ce ne sont que festons; ce ne sont que couronnes;"을 부알로가 패러디한 표현이다. 1만 1,000행에 이르는 이 대서사시에서 알라리크 궁전의 묘사는 30여 쪽에 달한다(http://www. utqueant.org/caralaric.html 참조).

시구가 빈약하다 싶어 그것을 뻣뻣하게 만들고,
길어지는 걸 피하다 보니 모호해지기도 하며,
꾸밈은 지나치지 않으나, 뮤즈가 너무 헐벗고
바닥을 기는 걸 두려워하다 구름 속을 헤맨다.[15]

독자의 사랑을 얻고자 하는가?
시를 쓰면서 끊임없이 변화를 주라.
늘 변함없고 너무 단조로운 문체[16]는
아무리 번뜩이려 해도 졸음만 오게 할 뿐이다.
늘 같은 어조로 성서의 시편을 되뇌듯
우리를 지루하게 하는 작가들은 거의 읽히지 않는다.

경쾌한 목소리로 자신의 시구에서
장중함과 감미로움을, 익살스러움과 엄숙함을

15 사실적 묘사를 피하다 보니, 지나친 추상성으로 흐른다는 뜻이다.

16 Style. 우리말로 흔히 '문체文體'로 번역된다. '문체'는 국어의 사전적 의미로는 "문장의 개성적 특징"이나 "문장의 형태" 혹은 "문장의 양식"을 의미한다. 문장의 개성적 특징을 중심으로 한 문장의 형태를 의미할 때 문체는 만연체, 간결체, 문어체, 구어체, 서한체, 서사체 등으로 분류된다. 문장의 양식을 의미할 때는 산문과 운문, 의문문과 평서문 등으로 나뉜다. 부알로가 《시학》에서 사용하는 'style'의 의미는 한국어 '문체'의 의미보다 넓다. 부알로는 시의 형식, 즉 오드, 론도 등의 시적 장르를 뜻하기도 하며, 또 뷔를레스크나 패러디처럼 일정한 규칙을 지닌 글쓰기 양식을 의미하기도 한다. 따라서 이 번역서에서는 맥락에 따라 '문체', '양식', '형식' 등으로 다양한 용어로 번역했다.

넘나들 줄 아는 이는 얼마나 행복한가!
그의 책은 하늘이 아끼고 독자가 사랑해
바르뱅서점[17]에서 늘 구매자들로 에워싸인다.

어떤 형식의 시를 쓰건 저속함은 피하라.
아무리 격格 낮은 장르라도 최소한의 품격은 있어야 한다.
양식良識을 무시한 뻔뻔한 뷔를레스크[18]는
별격別格으로 인기를 얻으며 독자의 눈을 속였다.
이제 시구에서는 경박한 말장난만 보이고
파르나스가 장바닥 언어를 사용하며
방종한 운은 고삐가 풀렸고
변장한 아폴론은 타바랭[19]이 되었다.
이 전염병은 시골까지 번져
말단 서기, 부르주아에서 제후들에게까지 퍼졌다.

---

17 17세기 후반 프랑스에서 유명했던 서점이자 출판사.

18 le burlesque. 고귀한 것에 비속한 형식을 덧입혀 양자를 대조시킴으로써 웃음을 유발하고 풍자하는 양식이다. 즉, 영웅적 인물이나 상황을 범속하게 희화화한다. 프랑스에서는 17세기 전반에 여러 시인이 당시 정치와 풍속을 풍자하는 서사시의 희화적 작품을 잇달아 발표하며 '뷔를레스크'라는 하나의 유파를 형성한다. 생타망, 스카롱, 다수시, 시라노 드 베르주라크 등이 대표적 작가다.

19 앙투안 지라르 타바랭(Antoine Girard Tabarin, 1584~1633년)은 퐁네프다리와 인근 도핀광장에서 어릿광대극으로 군중을 모은 유명한 거리의 배우로, 몰리에르에게 큰 영향을 주었다. 부알로는 타바랭의 희극적 글쓰기를 경멸했다.

정말 형편없는 광대조차 추종자가 생겼고
모두에게, 하다못해 다수시[20]까지 독자가 생겼다.
그러나 마침내 궁정이 이런 문체에서 벗어나
그 경박한 기괴함을 경멸하였고
순수함을 단조로움이나 광대짓과 구별해 내어
《타이푼》[21]에 감탄하는 건 촌에서나 가능한 일이 되었다.
이런 문체가 그대의 작품을 더럽히지 않도록 하라.
마로[22]의 우아한 익살을 따르고
뷔를레스크는 퐁네프[23]의 익살꾼들에게나 넘겨주자.
　그러나 그렇다고 해서 브레뵈프[24]를 따라,

---

20 샤를 다수시(Charles d'Assoucy, 1605~1677년)(위의 81행 주석 참조).

21 《타이푼 혹은 신과 거인의 싸움 *Typhon ou la Gigantomachie*》. 뷔를레스크풍으로 간주되는 스카롱의 시다.

22 클레망 마로(Clément Marot, 1496~1544년). 부알로의 《시학》 이래 마로를 '멋진 익살'로 정의하는 것이 전통이 되었다.

23 Pont-Neuf. 17세기 초반에 완성된 센강의 다리 퐁네프는 강의 양안을 잇는 최초의 다리로, 당시 파리의 모든 장사꾼과 행인들이 모이는 장소였다.

24 기욤 드 브레뵈프(Guillaume de Brébeuf, 1617~1661년)는 1655년 고대 라틴 시인 루카누스의 서사시(원제목은 《내란기 *De Bello Civili*》며 《파르살리아 *la Pharsale*》로 알려짐)를 번역했다. 파르살리아 전투는 기원전 48년 그리스 북쪽 테살리아의 도시 파르살리아에서 카이사르와 폼페이우스가 패권을 걸고 싸운 결전을 말한다. 이 전투 결과, 카이사르에게 독재의 길이 열리고 로마 공화정은 붕괴되기 시작했다.

《파르살리아》 같은 데에서조차 그 강가에
"죽은 이와 죽어 가는 이로 통곡의 산[25]을 쌓"으려 마라.
자신만의 어조를 잘 지켜라. 기법은 단순히 하여
숭고하되 오만함이 없고, 호감 가되 꾸밈이 없어야 한다.
  독자의 마음을 살 수 있는 것만 제공하라.
박자[26]에 있어서는 들음을 엄격히 하여

---

25 부알로의 인용은 정확하지 않다. 브레뵈프의 원문 번역은 아래와 같다.

De mourants et de morts cent montagnes plaintives.
D'un sang impétueux cent vagues fugitives.
(앙투안 아당의 플레이아드 판본 주석 참조)

26 cadence. 시구가 갖추어야 하는 음악적 박자를 의미한다. 12음절 시구인 알렉상드랭은 6음절로 이루어진 반구hémistiche 2개로 구성되고, 각 반구는 2개의 의미구mesure로 구성된다. 반구는 반드시 6음절이어야 하지만, 각 의미구는 1음절에서 5음절의 단어로 구성될 수 있다. 알렉상드랭은 음악에서 4분의 4박자를 연주하듯 읽어야 한다. 한 줄의 알렉상드랭은 음악의 한 마디에 해당되니 4개의 4분 음표로 이루어진 4분의 4박자 한 마디를 노래하듯 읽어야 한다. 외형상 가장 완벽한 알렉상드랭 형태는 각 3음절로 이루어진 4개 의미구로 구성된 것이다. 그러나 실제로는 완벽히 분절될 수 있는 의미구는 3음절이 아니어도 충분한 리듬감을 줄 수 있었다. 고전주의 시대에 이 원칙을 가장 엄격히 지키면서도 능숙하고 아름답게 실현한 작가로 라신Jean-Baptiste Racine을 들 수 있다.

"Noble et/ brillant auteur// d'une triste/ famille (2/4//4/2)
Toi/ dont ma mère osait// se vanter/ d'être fille (1/5//3/3)
Qui peut-être/ rougis// du trouble/ où tu me vois (4/2//4/2)
Soleil,/ je te viens voir// pour/ la dernière fois!"(2/4//1/5)
(라신의 《페드르》 중에서)

늘 그대 시구를 의미 단위로 나누고
반구[27]를 닫아 휴지[28]를 분명히 두라.
　모음이 너무 급히 달려가지 않도록 하여
도중에 다른 모음과 부딪치는 일이 없어야 한다.[29]
　조화로운 어휘들을 옳게 선택할 방법은 있다.
듣기 거북한 소리의 역겨운 중첩을 피하라.
아무리 완벽한 시구도, 아무리 고상한 생각도
귀에 거슬리면 독자의 환심을 살 수 없는 법.
　프랑스 파르나스[30]의 초기에는
기상곡綺想曲[31]의 작법이 시작법의 전부였다.

---

27 hémistiche. 알렉상드랭에서 6음절로 구성된 반구半句를 의미하며 동시에 한 시구의 중간 휴지休止를 의미하기도 한다.

28 repos. 알렉상드랭의 전반구와 후반구 사이 의미분절이 되는 부분에서의 휴지를 의미한다.

29 모음충돌hiatus을 피하라는 표현이다.

30 16세기 파르나스학파로 총칭되는 7명의 시인들이 주도한 프랑스어의 옹호와 선양 운동이 활발히 진행되었던 시기를 말한다. 라틴어가 지배하던 공무와 문예의 세계에 프랑스어가 본격적으로 도전을 시작한 시기였다.

31 Caprice. 이탈리아어 capriccio에서 온 말로 일상 언어에서는 변덕을 의미하나, 음악 용어로는 일정한 형식에 구속되지 않고 자유로운 요소가 강한 성악곡을 지칭하는 말이다. 현대 음악에서는 성악곡보다 기악곡을 칭하는 경우가 많다. 15세기 말부터 이탈리아에서 유행하던 이 시 유형은 프랑스 바로크 시대에 많은 시인이 즐겨 사용했다.

각운은 의미구意味句 없이 나열된 단어들 말미에서
꾸밈[32]와 음수율音數律,[33] 중간 휴지를 대신하였다.
비용이 최초로 이 조야한 세기에
중세 작가들의 혼란한 시법[34]을 정리할 수 있었다.
곧이어 마로가 발라드[35]의 꽃을 피우고
트리올레[36]를 지으며 가면극시[37]에 운을 붙이고
규칙적인 후렴구[38]에 론도[39]를 매어

---

32 ornements.

33 nombre. 산문이나 시에서 음절수의 규칙적 배열을 통해 발생되는 음률을 의미한다.

34 무훈시les chansons de geste, 기사 이야기les romans de chevalerie를 암시한다.

35 ballade. 춤춘다는 뜻의 라틴어에서 유래한 말로 민요 또는 가요로 번역한다. 7~8행이 한 절이 되어서 총 3절로 구성되며, 그 가운데 1~2행은 후렴구를 이룬다.

36 triolet. 론도의 한 변형으로 8음절 8행 시구. 1행이 4행과 7행에서 되풀이되고 2행이 8행에서 되풀이된다. 2행, 2행, 4행의 3개 연으로 구성되고, 각운은 ab, aa, abab의 형태이다.

37 mascarade. 기원은 분명치 않으나, 로렌초 데 메디치가에서 카니발이나 동지제冬至祭의 가장행렬과 춤에 그 의미를 설명하는 노래에 붙여 연출한 것이 프랑스로 전해졌다고 한다. 코미디발레의 막간에 진행되는 가면무도에 동반되는 노래를 의미하기도 한다.

38 refrain. 1~2행으로 구성되며, 가사와 곡이 동일하다. 본래는 초기 기독교 음악에서 나타났으며, 이것이 가장 발달했던 것이 중세 세속곡이다.

전적으로 새로운 시작詩作의 길을 열었다.
그를 뒤이어 롱사르는 다른 방식으로,
집대성한답시고 뒤죽박죽 그만의 시법을 세웠으나
그럼에도 불구하고 오랫동안 행운을 누렸다.
겉은 프랑스어지만 희랍어와 라틴어를 하는 그의 뮤즈는
다음 시대에 그로테스크풍[40]이 오자
떠벌린 제 시구 속에 현학적 호사가 무너짐을 보았다.
그 높은 곳에서 비틀거린 이 오만한 시인 때문에
데포르트[41]와 베르토[42]는 좀 더 신중할 수밖에 없었다.
드디어 말레르브가 와서 프랑스 최초로
시구에서 적절한 음률을 느끼게 해 주었고
옳은 자리에 놓인 단어의 힘을 가르쳤으며
지켜야 할 규칙 아래에 뮤즈를 두었다.

---

39 rondeau. 단시短詩라고 번역되기도 하며 후렴구를 포함한 13행시를 말한다.

40 프레시오지테풍 표현이나 과장된 어법의 경향을 염두에 둔 듯하다(앞의 44행 주석 참조).

41 필리프 데포르트(Philippe Desportes, 1546~1606년)는 생티롱Saint-Tiron의 사제로서, 궁정시인으로서 롱사르와 선의의 경쟁 관계에 있었고 말레르브의 비판을 받았다.

42 장 베르토(Jean Bertaut, 1552~1611년)는 세즈Séez의 주교로, 롱사르의 제자이며 연애시를 썼다.

이 분별 있는 작가 덕분에 다듬어진 언어는
귀에 거슬리는 어떤 것도 더는 내놓지 않았다.
시의 연聯은 우아하게 맞아떨어졌고,
시구에서 시구로 걸치기[43]는 엄두조차 못 냈다.
모두가 그의 법칙을 인정하였고, 이 믿을 만한 안내자는
오늘날의 작가들에게도 여전히 모범이 되고 있다.
그러니 그를 따르고 그의 적확성을 사랑하라.
그리고 그의 적절한 표현이 주는 명쾌함을 모방하라.
그대 시구가 더디 이해되면
내 집중력은 곧 흐트러지기 시작하고
그대의 뜻 없는 말에서 바로 떨어져 나와
매번 이해하기 힘든 그대 글을 좇아가지 못한다.

　어떤 이들의 불투명한 사고는
늘 두터운 구름에 가려 있다.
이성의 빛도 결코 그것을 뚫지 못할 것이다.
그러므로 쓰기 전에 먼저 생각하는 법을 배워라.
생각이 모호한지 분명한지에 따라,
표현은 막연해지거나 적확해진다.

---

43 enjambement. 시행의 의미소가 한 행에서 끝나지 않고 다음 행까지 이어지는 것을 말한다.

명확히 이해된 것은 명료하게 표현되고,
그 표현을 위한 단어들은 쉽게 떠오른다.
특히, 시를 씀에 있어, 아무리 절제를 잃은 상태라도
존중받을 만한 언어의 사용은 불가침의 영역이어야 한다.
단어가 적절하지 않거나 표현이 비속하다면,
멋진 운율로 강한 인상을 주려 해도 소용없다.
나의 정신은, 화려하기만 할 뿐 뜻 모를 말도,
과장된 시구의 교만한 비문非文도 결코 인정하지 않는다.
요컨대 올바른 언어가 결여됐다면, 아무리 탁월한 저자라도,
그가 무엇을 쓰건, 결국은 형편없는 작가이다.[44]
주문注文이 당신을 재촉해도 여유롭게 작업하라.
절대 어리석은 속도를 뽐내지 말라.
너무 서둘러 운을 맞춘 시구에서는
재치 넘침은커녕 판단 부족만 드러난다.
나는, 꽃 만발한 초원에 폭신한 모래 위를
살포시 흐르는 시내를 원하지,
황량한 들판에서 자갈밭을 구르다

---

44 이 표현은 앞의 123~130행에서 언급된 롱사르에 대한 비판으로 이해할 수 있다. 롱사르는 당대 최고의 시인으로 칭송되었으나, 저자는 그에 의해 프랑스어가 진가를 잃고 있다고 판단했다.

넘쳐흐르는 격류는 원하지 않는다.
차분히 서두르며, 용기를 잃지 말고
수십 번이라도 그대의 작업을 다시 시작하라.
끊임없이 그것을 다듬고 또 다듬어라.
이따금 덧붙이고, 자주 지우라.
　오류투성이 작품에서 간간이 튀어 오르는
재치 있는 표현들은 높이 살 만한 것이 아니다.
모든 것은 제자리에 있어야 하고
처음과 끝은 중간과 화답해야 하며
섬세한 시법을 통해 잘 어우러진 각 부분들은
다양함을 갖춘 하나의 전체를 이루어야 한다.
결코 이야기가 주제를 벗어나
튀는 단어를 찾으러 너무 멀리 가지 말라.
　시구에 대한 대중의 비난이 두려운가?
스스로에게 엄격한 비판자가 되어라.
무지함은 언제나 자기도취에 빠지기 쉽다.
　주저 없이 그대를 비판할 친구들을 찾아라.
그들이 그대의 글을 진지하게 듣고
또 모든 결점에 철저히 맞서게 하라.
그들 앞에서는 작가의 교만을 벗어 버려라.
그러나 친구와 아첨꾼은 구별할 줄 알아야 한다.

아첨꾼은 박수를 보내는 듯하나 비웃고 속인다.
칭찬보다는 충고를 사랑하라.
　아첨꾼은 생각도 않고 탄성만 지르려 한다.
그는 그대의 시구를 들을 때마다 넋을 잃는다.
온통 매혹과 완벽이며, 귀에 거슬리는 말도 없다.
기쁨으로 발을 구르며 감동으로 눈물 쏟는다.
여기저기서 화려한 찬사로 그대를 치켜세운다.
허나 진실은 결코 그리 요란한 것이 아니다.
　항상 엄격하고 꼿꼿하며 현명한 친구는
그대의 오류를 절대 내버려두지 않는다.
그는 허술한 부분을 결코 용서하지 않으며
잘못 놓인 시구를 제자리로 돌려보내고
야심 때문에 과장된 말들을 제거한다.
때로는 의미가, 때로는 문장이 그에게 거슬린다.
"선생 글은 구성이 다소 불분명한 듯하군요.
이 단어는 모호하니 명확히 해야겠습니다."
진정한 친구는 바로 이렇게 말하는 것이다.
　그러나 옹고집 작가는 자신의 시구에 대해
모든 것을 옹호해야 한다 여기고
곧바로 모욕당한 자의 권리[45]를 행사하곤 한다.
"이 시구들은 표현이 진부하군요"라고 말하면

— "아! 선생, 그 시구는 너그럽게 보아 주십시오"
라며 바로 대답할 것이다. "이 단어는 느낌이 없군요.
저라면 버리겠습니다" 하면 — "가장 아름다운 부분인데요."
"이 표현은 마음에 안 드네요." — "모두 감탄한답니다."
이렇게 결코 수정하지 않으려 드니
그의 작품의 한 단어가 그대에게 거슬린다 해도
그것은 그의 명예 문제여서 버리지 못한다.
그러나 겉으로는 비평을 기꺼이 받아들이며
그의 시에 그대가 독단적 힘을 행사한다 말한다.
그러나 그대 듣기 좋으라고 하는 이 그럴듯한 말은
자기 시를 읊어 주려는 교묘한 함정일 뿐이다.
그는 그대와 헤어지자 자기 시적 재능에 만족한 채
농락하기에 만만한 사람을 찾아 다른 곳으로 간다.
그런 사람들을 쉽게 찾을 수 있기 때문이다. 이 시대는
어리석은 작가만큼이나 어리석은 찬미자로 넘쳐난다.
그리고 도시나 시골 말고도

---

45 '모욕당한 자의 권리le droit de l'offensé'란 귀족들 간에 행해진 결투에서 사용된 용어로, 명예를 훼손당한 사람이 죽음을 무릅쓴 채 무기를 들고 상대와 싸울 수 있는 권리를 뜻한다. 여기서는 자기 작품이 비판받을 때, 명예를 훼손당한 사람처럼 고집스레 자신의 시를 방어하는 무모한 태도를 은유적으로 표현하고 있다.

공작이나 대공의 주위에도 이런 사람들이 있다.
진부하기 그지없는 작품조차 궁정인들 사이에서는
항상 열렬한 찬미자가 있는 것이다.
요컨대, 풍자적인 표현으로 마무리하자면,
얼간이는 항상 그를 찬미하는 더한 얼간이를 발견한다.

제 2가

L'Art
poétique

Nicolas
Boileau-Despréaux

찬란하디 찬란한 축제 날에도,
머리에 화려한 루비 장식 따위는 달지 않고
황금과 어우러진 금강석의 광채에도 기대지 않으며
근처 들에서 모은 예쁜 꽃으로만 꾸민 양치기 소녀처럼,
우아한 목가牧歌[1]는 그렇게 사랑스런 곡조와 소박한 문체로
화려하지 않게 빛나야 한다.
담백하고 순박한 목가의 문체는 과시적이지 않아
자기도취적 시구의 오만과는 거리가 멀다.
목가는 부드럽게 간질이며 잠을 깨워야 하고,[2]
결코 거창한 단어로 귀를 놀라게 해서도 안 된다.
그러나 종종 서툰 시인이 궁지에 몰리면
홧김에 플루트와 오보에를 던져 버리고,
자만심에 이성을 잃고 무절제한 웅변조로,
목가[3] 한가운데에서 트럼펫을 불어 댄다.
그 소리에 놀란 판신[4]은 갈숲으로,

1 idylle.

2 독자의 주목을 끌어야 한다는 의미다.

3 위의 5행에서는 idylle이라는 단어를 사용한 부알로가 이번에는 églogue라는 단어를 사용하고 있다.

4 그리스 신화에 나오는 목신이며, 상반신은 사람의 모습이고, 염소의 다리와 뿔을 갖고 있다. 연애를 즐기며, 춤과 음악을 좋아하는 판신神은 전원을 배경

겁에 질린 님프[5]들은 물속으로 몸을 숨긴다.
그 반대의 경우, 천박한 언어를 사용하는 시인은
목동에게, 촌부村夫 대화하듯 말하게 한다.
매력 없는 그 밋밋하고 천박한 시구[6]는
언제나 땅을 핥으며 처량하게 기어다닌다.
롱사르가 다시 와 "촌스러운 피리가락"에 맞춰 읊듯
고딕식[7] 목가들을 흥얼대고,
귀에 들리는 소리는 아랑곳 않고
리시다스를 피에로로, 필리스를 투와농[8]으로 바꾼 것과 같다.

으로 한 목가가 유행하던 시대에는 예술적 소재로 즐겨 다루어졌다.

5 그리스 신화에 나오는 요정의 총칭이다. 그리스 사람들은 자연계에 여러 가지 정령이 깃들어 있다고 믿었으며, 이들을 님프라 불렀다. 일반적으로 젊고 아름다운 아가씨의 모습으로 표현된 이들은 대개 호의적이고, 시인에게 영감을 주거나 예언 능력을 주는 것으로 여겨졌다.

6 프랑스어 vers는 여기에서처럼 '시구'라는 뜻도 있고, '지렁이'나 '벌레'의 복수형이기도 하다. 부알로는 비천한 언어로 쓰인 시구를 마치 땅을 기어다니는 지렁이에 비유한 듯하다.

7 원래 '고딕식'은 중세에 로마네스크 양식의 뒤를 잇는 중요한 건축 양식이다. 고대의 모방을 중시한 16세기, 특히 17세기의 관점에서 중세를 대표하는 고딕식은 야만성 혹은 낡아 빠짐, 구닥다리라는 뜻으로 해석되어야 할 것이다.

8 《목가》를 쓰면서 롱사르는 등장인물들에게 항상 리시다스와 필리스와 같은 그리스 이름을 부여한 것은 아니었다. 그는 목가 속 인물들에게 알뤼요, 프레네, 벨로, 페로, 미슈, 카르랭처럼 토속적인 이름을 부여하기도 했다.

이러한 두 극단極端 사이에서 길을 찾긴 어렵다.
길을 찾으려면 테오크리토스[9]와 베르길리우스[10]를 따르라.
미의 세 여신[11]을 받아쓴 이 시인들의 감미로운 글을
밤낮으로 읽어, 그대의 손에서 떠나지 않게 하라.
그들만이, 해박함 가득한 시구로 그대를 가르칠 수 있으리니,
어떻게 작가가 품위를 잃지 않고 내려와,
플로라[12]와 들판을, 포모나[13]와 과일동산을 노래하는지를
어떻게 플루트 경합에서 두 목동이 활기를 불어넣어
사랑이 주는 기쁨의 달콤한 유혹을 찬양할 수 있는지를,
어떻게 나르키소스[14]를 꽃으로, 다프네[15]를 나무로

---

9 테오크리토스(Theocritos, 기원전 310~250년경)는 기원전 3세기 전반의 그리스의 대표적 목가시인으로 로마 시인 베르길리우스의 《목가》 등에 영향을 끼쳤다.

10 베르길리우스(Vergilius, 기원전 70~19년)는 테오크리토스를 계승한 로마 시인으로, 유명한 작품으로는 《농경시》와 《목가》 외에 장편 서사시인 《아이네이스*Énéide*》가 있다.

11 그리스 신화에 나오는 아름다움과 우아함의 여신들이다. 올림포스산에서 아프로디테 여신을 따르는 아글라이아(빛나는 여자), 탈레이아(꽃의 계절), 에우프로시네(환희) 등 3명으로 구성되어 있다(3가 70번 주 참조).

12 봄에 꽃의 개화를 주관하는 식물의 여신.

13 로마 신화에 나오는 과수果樹의 님프이다. 주로 꽃과 과일을 들고 있는 젊은 여인의 모습으로 형상화된다.

변신시킬 수 있는지를, 그리고 또 목가에서 때로는 어떻게,
집정관에 걸맞게 숲과 들을 묘사하는지를 가르칠 수 있다.[16]
이것이 목가의 힘이며 우아함이다.
긴 상복을 입은 서러운 애가哀歌[17]는
목가보다 톤을 좀 높여, 그러나 과격하진 않게,
머리를 풀어헤치고 관 위에서 읊조릴 줄 안다.
애가는 연인들의 슬픔과 기쁨을 그려 내며,
여인을 애무하다 위협하며, 갈급케 하다 달래 준다.

---

14 그리스 신화에 등장하는 미소년 나르키소스는 많은 처녀와 님프들의 구애에도 마음을 열지 않았다. 그러던 어느 날, 우물에 비친 자신의 아름다운 모습에 반해 한 발짝도 그곳을 떠나지 못하다가 끝내 물에 빠져 죽었다.

15 월계수란 뜻으로 그리스 신화에 나오는 아름다운 님프다. 아폴론 신이 그녀를 사랑해 뒤쫓을 때, 그녀의 아버지인 하신河神 라돈이 딸의 기도를 받아들여 그녀의 몸을 월계수로 변하게 했다.

16 이 시행은 베르길리우스의 《목가》의 다음 행에서 차용한 것이다. "Si nous chantons les forêts, que les forêts soient dignes d'un consul". 'consul'은 보통 집정관으로 번역하는데, 고대 로마 공화정 시대의 최고행정관 두 명 중 한 사람이다. 기원전 509년경 왕정이 무너지고 공화정 체제가 수립되면서 집정관이 정식으로 왕권을 넘겨받았다. 임기 1년의 집정관은 국가수반이자 군대 통수권자였으며, 원로원과 평민회를 소집하고 주재했다.

17 Élésie. 죽은 이를 애도하거나 침통한 묵상을 표현하기 위해 주로 사용되는 시로, 고대 그리스 시대부터 유래되었다. 19세기 낭만주의 시인들의 애호 장르기도 했다.

그런데 이런 충동적 감정의 변화를 잘 표현하기 위해서는,
시인이 되기보다는, 사랑꾼이 되어야 한다.
나는 그 어설픈 작가들을 혐오한다. 이들의 억지 뮤즈는
사랑 이야기를 하면서도 늘 차갑게 얼어붙어 있다.
그들은 상두적 감정에 빠셔 어색하게 슬퍼하며
사랑에 사로잡힌 연인이 되어 각운만 맞춘다.
극한 사랑의 소용돌이도 값어치 없는 시구로 표현될 뿐이다.
그들이 할 줄 아는 것이라곤, 스스로를 옭아매
제 순교를 축성하고, 제 감옥을 찬미하며,
감성과 이성을 다투게 하는 것뿐이다.
사랑의 신[18]이, 티불루스[19]의 한탄을 시로 표출시키거나,
자상한 오비디우스[20]의 달콤한 말에 생기를 불어넣어,
자기 예술[21]의 매혹적인 선례를 보여 준 것은,

18 Amour.

19 티불루스(Tibullus, 기원전 54~19년경)는 로마 고전기의 서정시인으로, 문인 보호자 메살라의 문학 서클에 소속되어 호라티우스와 친교를 나누었다. 그는 자신의 작품 《티불루스 전집》에서 델리아라는 여성에 대한 사랑과 실연, 그리고 창녀 네메시스의 불행한 사랑을 노래하였다.

20 오비디우스(Ovidius, 기원전 43~기원후 17/18년경)는 서사시 형식의 《변신 이야기》를 쓴 로마의 유명한 시인이다. 아우구스투스 황제에 의해 흑해 연안의 토미스로 추방되었다. 그 뒤 《비가》와 《흑해로부터의 서한》을 쓰며, 먼 땅으로 유배된 시인의 불행을 간절하게 노래했다.

그런 우스꽝스러운 어조를 통해서가 아니었다.
애가哀歌에서는 오직 가슴으로만 말해야 한다.
　역동은 애가 버금가며 격정은 그 이상인
오드[22]는 야심 차게 비상하여 하늘에 닿아
시구詩句 안에서 신들과 교류한다.
오드는 피사[23]의 올림픽 선수들에게 출발 문을 열어 주고
결승점에 도착하는 땀 먼지 범벅의 승자를 노래하며,
시모이스[24] 강가로 피칠갑 된 아킬레우스를 인도하고
에스코강이 루이 왕의 통치에 굴복하게 한다.[25]
열심히 일하는 꿀벌처럼,

---

21 애가哀歌를 말한다.

22 ode. 노래를 뜻하는 그리스어에서 유래한 말로, 비교적 장문의 서정시를 가리킨다. 본디 악기에 맞추어 부르는 노래를 의미했으나, 근대에 와서는 주로 운율을 갖춘 서정시를 지칭하게 되었다. 핀다로스식, 아나크레온식, 호라티우스식 등 세 유형이 있다.

23 고대 그리스의 엘리스에 위치한 지명으로, 여기서 올림픽 제전이 열렸다.

24 시모이스강은 트로이아에서 별로 멀지 않은 곳에 있는 작은 강으로 아킬레우스가 무공을 세운 무대다.

25 1667~1668년의 플랑드르전쟁을 환기하고 있다. 스페인 왕 펠리페 4세가 죽자 프랑스의 루이 14세는 펠리페 4세의 장녀이자 자신의 비妃인 마리 테레즈에게 스페인령 네덜란드의 영유권이 있다 하여 플랑드르 지방과 프랑슈콩테Franche-Comté를 점령한다. 79행의 '돌'과 '릴', 80행의 '쿠르트레'는 이때 얻은 도시를 말한다. 에스코강은 플랑드르의 동쪽 경계를 이루는 강이다.

오드는 때로 물가의 꽃을 따러 가서
향연과 춤, 웃음을 그려 내고
아이리스[26]의 입술을 훔쳤다고 자랑하니
"여신이 살포시 저항하고 달콤한 변덕을 부려"[27]
"몇 번 거부하나가 그의 넋을 앗아간 것이다."[28]
오드의 격정적 문체는 종종 발길 닿는 대로 걷는다.
이 흥미로운 무질서도 시법의 일환이다.
격노를 묘사해야 할 때도 학습된 원칙만을 고수하려는
저 융통성 없는[29] 겁보 운율꾼들을 멀리하라.
이 어쭙잖은 사가史家들은
영웅의 눈부신 진군을 노래할 때에도 연대기를 따른다.
이들은 한순간도 사실에서 시선을 떼질 못한다.
그들의 시구는 메즈레[30]만큼이나 정확해서

---

26 그리스 신화에 나오는 무지개의 여신이다. 신들의 사자使者로서 손에 지팡이를 들고 있는 경쾌한 처녀의 모습으로 표현된다. 서풍의 신 제피로스와 맺어져 에로스를 낳았다고 전해진다. 여기서는 사랑하는 여인을 비유하는 이름이다.

27 Vigile, egl.IV(vers 3).

28 Horace, ode XII, liv.II.

29 flégmatique.

30 프랑수아-외드 드 메즈레(François-Eudes de Mézeray, 1610~1683년)는 프랑스의 왕실 사관史官, historiographe으로, 대표작으로《연대기적 프랑스 약사*Abrégé chronologique de l'Histoire de France*》(1668년)가 있다. 콜베르는 이 저작에

돌을 차지하려면 먼저 릴이 함락되어야 하고
그전에 이미 쿠르트레[31]의 성벽은 무너졌어야 한다.
열정을 나눔에 있어 아폴론은 그들에게 늘 인색했다.
그러다 이 종잡을 수 없는 아폴론이 어느 날
프랑스의 모든 서툰 시인들을 극단으로 몰아가고자
소네트[32]의 엄격한 법칙을 만들어 냈다.
동일한 운율의 4행 연 두 개에서
두 가지의 각운이 여덟 번 들리게 하고
이어서 솜씨 좋게 배열된 여섯 시행이
의미로 분절된 3행 연 둘로 나뉘기를 바랐다.
특히 그는 이 시에서 방종을 몰아내어
음수율音數律과 박자를 손수 조절하고
빈약한 시행은 단 하나도 들어갈 수 없게 하였으며

불만을 품고 한때 그의 4,000리브르의 연금을 중지시키기도 했다. 사관으로서 그는 부알로와 라신의 선배다.

31 릴과 쿠르트레는 1667년에 함락되었고, 돌은 1668년에 함락되었다.

32 Sonnet. 14행을 기본으로 하는 시로, 4행 연 두 개와 3행 연 두 개로 구성된다. 각운의 선택은 임의로 할 수 없고 매우 엄격한 규칙을 따른다. 르네상스 시대의 정형시로 16세기에 프랑스에 도입되어 플레이아드파 시인들이 즐겨 사용하였다. 형식이 간략한 반면 그 틀 안에서 논증을 전개할 수 있어 4행 연과 3행 연 사이에 의미상 대립과 모순이 존재하며, 3행 연은 비교, 설명, 반명제, 추론 등의 의미 구성을 이룬다.

한 번 쓰인 단어는 감히 다시 나올 수 없게 하였다.
그렇게 그는 소네트에 지고의 아름다움을 부여했다.
흠결 없는 소네트는 장시長詩 한 편의 가치가 있다.
수천의 작가들이 이에 도달하려 했으나 헛수고였고
그 행운의 불사조는 여전히 나타나지 않았다.
공보, 메나르 그리고 말빌[33]에게서나 겨우
천 편의 소네트 가운데 두세 편 읽어 볼 만하고
나머지는 펠티에[34]의 소네트처럼 거의 읽히지 않아
세르시[35]서점에서 바로 식료품 가게로 넘어갔다.[36]
정해진 길이 안에 의미를 담기에는 늘,
의미구[37]가 너무 길거나 너무 짧았던 것이다.
　경구시는, 소네트보다 자유로우나
더 간결하며 풍요로운 각운 구성의 짧은 재담[38]이다.

---

33 17세기 중반의 군소 시인들.

34 피에르 뒤 펠티에(Pierre du Pelletier). 부알로는 "매일같이 소네트를 짓던 최하급 시인"이라고 주를 달고 있다.

35 샤를 드 세르시(Charles de Sercy)는 프레시오지테 경향의 시들을 모아 출판한 서적상이다.

36 식품 포장지로 사용되었다는 표현이다.

37 mesure.

38 경구시의 간결성을 강조한 표현으로, 강렬한 인상을 주는 짧은 시를 의미한다.

예전 우리 작가들은 몰랐던 경구시의 신랄함이
이탈리아로부터 우리 시로 유입되었다.
그 헛된 즐거움에 현혹된 경박한 자들이
그 새로운 유혹을 맹렬히 좇았다.
대중이 애호하자 그들의 대담함은 고무되었고
그들은 급격히 불어 파르나스를 침수시켰다.
먼저 마드리갈이 경구시에 에워싸였고
거만한 소네트도 타격당했다. 비극 역시
가장 소중한 열락悅樂을 경구시로 표현했으며
애가도 고통스러운 변심을 경구시로 장식했다.
무대의 주인공도 경구시로 자신을 공들여 치장했으며
연인이 탄식할 때조차 신랄한 표현이 들어갔다.
목동들도 새로운 형태로 불평할 때 모두
아름다움보다도 신랄함에 더 충실한 모습을 보였다.
모든 단어는 언제나 두 얼굴을 가지고 있었으며
산문도 운문만큼이나 이 신랄함을 받아들였다.
법정 변호사도 신랄함으로 자신의 변론의 가시를 세웠고
설교 중인 신학박사도 복음서에 신랄함을 흩뿌려 놓았다.
모욕당한 이성이 결국 눈을 떠
진지한 담화에서 이 신랄함을 영원히 몰아내었다.
그리고 많은 글에서 그 천박함을 밝혀내었다.

다만 신랄함이, 적절하게 빛나면서
그 섬세함이 운율이 아니라 내용에 나타난다면
천박하다 선고했지만 경구시에서만큼은 허락했다.
그렇게 사방에서의 무질서는 끝이 났다.
허나 궁정에는 튀를뤼팽[39]들이 아직 남아 있었는데
말장난이나 하는 퇴물 패거리들이거나
통속적인 재담꾼들, 혹은 한물간 광대들이었다.
그래도 드물게 나름 섬세한 뮤즈가
지나는 길에 놀며 즐기다
우연히 멋진 문구로 현혹에 성공하기도 했다.
그러나 그럴 때라도 터무니없이 도를 넘지는 말라.
경박한 신랄함으로 종결부부터 버린
황당한 경구시를 만들지 말라.

모든 시는 나름의 아름다움으로 빛난다.
골족族으로 태어난 론도는 순박함을 지니고 있다.
오래된 규칙에 얽매여 있는 발라드는

39 오텔 드 부르고뉴 극단 소속이던 앙리 르그랑(Henri Legrand, 1587~1637년)은 비극 공연 때는 '벨빌Belleville'이라는 예명을, 소극笑劇을 공연할 때는 튀를뤼팽Turlupin이라는 예명을 사용했다. 그의 소극 공연은 늘 큰 웃음을 불러왔고, 그의 예명은 turlupin(어릿광대)이라는 보통명사가 되기도 했다.

대체로 각운의 다양한 변화에 힘입어 광채를 띤다.
표현이 훨씬 단순하고 고아한 마드리갈은
감미로움과 부드러움 그리고 사랑을 호흡한다.
중상하려 함이 아니라 서로를 그려 내려는 열정이
진실의 여신을 풍자시로 무장시켰다.
루킬리우스[40]가 최초로 과감히 풍자시를 선보여
로마인의 악덕에 거울을 들이대었고
겸허한 덕자德者을 위해 오만한 부자富者에게,
뚜벅이 오네톰[41]을 위해 가마 탄 모리배謀利輩에게 복수했다.
호라티우스는 이 신랄함에 재미를 섞어
꼴불견이나 얼간이는 반드시 대가를 치르게 했으니
의미구를 깨지 않고도 한 줄 시구에 들어갈 수 있어
풍자하기 안성맞춤인 모든 이름들은 얼마나 불행했겠는가!
페르시우스[42]는 시구를 압착하여

40 루킬리우스(Lucilius, 기원전 180~103년)는 부알로에 따르면 풍자시Satire를 최초로 창안한 인물이다. 그의 작품은 총 30권에 이르며, 이 중 약 1,400행이 전해진다.

41 honnête homme. 17세기 프랑스 상류사회 사람들이 추구했던 이상적 인간형을 지칭하는 말로 'honnête(솔직하다)'의 어원적 의미와는 멀어져 있다. 오네톰으로 인정받기 위해서는 지덕체예, 전 분야에 걸쳐 일정 수준 이상에 도달해야 한다.

너무 많은 것을 담으려다 보니 의미가 모호해졌다.
　학교에서 웅변을 듣고 자란 유베날리스[43]는
자신의 신랄한 과장법을 과도하게 밀고 갔다.
끔찍한 사실史實로 가득 찬 그의 작품들은
그러나 지고의 아름다움으로 빛난다.
카프리섬[44]에서 온 편지를 읽고
숭배받던 세이아누스[45]의 동상을 파괴케 할 때나,
의심 많은 폭군이 두려워 하얗게 질린
아첨꾼 의원들을 원로원으로 달려가게 할 때,
혹은 메살리나[46]의 방종을 극단으로 몰고 가

---

42 페르시우스〔Perse (en latin Aulus Persius Flaccus), 34~62년〕.

43 데키무스 유니우스 유베날리스(Decimus Junius Juvenalis, 60~130년경)는 로마의 풍자시인이다.

44 이탈리아 나폴리해안의 섬. 티베리우스 황제는 이 섬에 머물며, 권력 승계를 꿈꾸던 세이아누스를 제거하기 위해 로마 상원에 체포를 명령하는 편지를 썼다고 한다.

45 루키우스 아엘리우스 세이아누스(Sejanus, Lucius Aelius, 기원전 20~기원후 31년)는 고대 로마의 정치가이다. 로마제국의 2대 황제였던 티베리우스의 아들 드루수스의 죽음을 틈타 황제로 즉위하려다가 처형당했다.

46 발레리아 메살리나(Valeria Messalina, 25~48년)는 로마 황제 클라우디우스의 부인이자 브리타니쿠스와 옥타비아의 어머니다. 문란한 생활을 한 것으로 유명했으며, 정부 실리우스와 손잡고 황제를 시해하려 했으나 계획이 들통나 처형당했다.

이 여인을 로마의 짐꾼들에게 팔아넘길 때
활활 타오르는 그의 문장들은 도처에서 빛난다.
이 박식한 스승들의 창의력 넘치는 제자로서
우리들 중 유일하게 이 스승들을 따른 레니에[47]는,
문체는 여전히 낡았지만 새로운 멋을 지녔다.
다만 정숙한 독자를 의식하며 쓴 그의 글에서
작가가 자주 드나들던 곳들이 감지되지 않는다면,
정숙한 귀가 그의 냉소 가득한 각운의 파격에
자주 놀라지 않는다면 좋으련만!
라틴어 단어[48]들은 오네트테[49]를 개의치 않으니,

---

47 마튀랭 레니에(Mathurin Régnier, 1573~1613년)는 부알로에 앞서 프랑스 풍자시의 형식을 완성한 시인이다. 그의 사생활과 작품 속에서는 리베르탱적 요소들이 많이 발견된다. 말레르브보다 20년 연하임에도 불구하고, 그가 다루는 주제에는 르네상스적 요소가 있어 전통적인 문학사학자들은 그를 16세기 작가로 분류해왔다. 신구 논쟁에서 구파 진영에 속해 있던 이 작가에 대해 부알로는 대체로 우호적으로 평가했다. 하지만 롱사르를 찬양하고 자유로운 시풍을 시도했다는 점에서, 말레르브를 찬양하는 부알로와 관점을 달리하는 면도 있음을 확인할 수 있다.

48 레니에를 비롯한 16세기 프랑스 시인들의 라틴어를 연상시키는 프랑스어 사용을 지적하는 말이다(1가 126행 참조).

49 honnêteté. 프랑스 17세기 사회의 특징을 잘 보여 주는 독특한 개념으로, 남을 배려하는 태도와 전반적 교양을 두루 갖춘 이상적 인간형 오네톰honnête homme의 특질을 가리킨다. 여기서는 일반인의 귀에 거슬리지 않는 예법

프랑스 독자들은 존중받기를 바라는바,
만일 조신한 어휘를 써 순화하지 않는다면
불결한 의미는 아무리 사소해도 독자를 모독한다.
나는 풍자시에서 무구한 정신을 원하며
조신함을 떠들어 내는 뻔뻔한 자들 피한다.
　적절한 표현이 풍부한 이 풍자시의 특성을 살려
짓궂은 프랑스인들은 보드빌[50]을 만들어 냈다.
경박하지만 유쾌한 보드빌은 노래로 불리며
입에서 입으로 전달되어 갈수록 확산되었다.
프랑스풍의 자유로움이 이 시에서 드러난다.
이 오락娛樂의 아이는 즐거움 속에서 태어나기를 원한다.
그렇더라도 고약한 조소꾼이여,
신을 끔찍한 말장난의 주제로 삼지는 말라.
무신론이 만들어 낸 그 모든 장난으로 결국
조소꾼은 처참하게 그레브광장[51]행이 되고 만다.

---

bienséance에 맞는 단어나 표현 등을 의미한다.

50 15세기경 노르망디 지역에서 생겨난, 가사 내용이 풍자적인 유행가요의 일종이다. 19세기 이후로는 가벼운 소극류笑劇類의 연극을 지칭하기도 했다.

51 파리시청 앞의 그레브광장은 중세부터 종교재판에서 유죄 판결을 받은 사람들의 공개 처형이 행해졌던 장소이다. 많은 주석가들은 이 부분에서 부알로가 1666년 화형당한 클로드 르 프티를 염두에 두고 있다고 추측한다.

가요에도 양식과 시법이 있어야 한다.
그런데 때로 술과 우연이
어설픈 뮤즈를 부추겨,
재능도 없는 리니에르[52]에게 시구를 제공하기도 했다.
운을 맞추었다는 헛된 행복에
어리석은 자만이 피어오르지 않도록 하라.
유행가를 끄적인 오만한 작가는
곧바로 스스로를 시인이라고 여기곤 한다.
그는 소네트를 한 편 짓지 않고는 잠들지 않을 것이며
매일 아침 즉흥시를 여섯 편씩 정서해 놓는다.
모호한 열정에 사로잡힌 그가 만일 제 어리석은 환상을
곧바로 출판하여, 그 책 맨 앞에, 낭퇴유[53]에게
월계관을 쓴 자신의 모습을 그리게 요청하지 않는다면
그 또한 기적이리.

52 프랑수아 파요 드 리니에르(François Payot de Linière, 1628~1704년).

53 로베르 낭퇴유(Robert Nanteuil, 1623~1678년)는 17세기 프랑스 화가로, 질 부알로의 초상을 비롯하여 200점이 넘는 유명인들의 초상화를 그리거나 판화로 제작했다.

제3가

L'Art
poétique

Nicolas
Boileau-Despréaux

그 어떤 추악한 괴물도, 심지어 뱀마저도,
제대로만 모사模寫된다면, 보기 흉한 것은 없다.
섬세한 붓의 조화로운 놀림은
극도로 끔찍한 것이라도 사랑스럽게 만든다.
눈물로 가득한 비극은 그렇게,
피투성이가 된 오이디푸스[1]의 고통을 말하고
어머니를 살해한 오레스테스[2]의 공포를 묘사하여

---

1 소포클레스의《오이디푸스》에 등장하는 작중인물. 오이디푸스는 테베 왕 라이오스의 아들로, 아버지를 죽이고 어머니인 이오카스테와 결혼할 것이라는 신탁 때문에 부모로부터 버림받는다. 장성한 오이디푸스는 어느 날 한 노인과 그의 수행원들과 결투를 벌이다 노인을 죽이게 되는데 그가 바로 라이오스였다. 테베에 도착한 오이디푸스는 스핑크스를 물리치고 왕으로 추대되어 이오카스테를 아내로 맞이한다. 이로써 모든 것이 신탁대로 이루어졌다. 후일 모든 비밀을 알게 된 오이디푸스는 제 눈을 찔러 맹인이 되고, 이오카스테는 목을 매 죽는다.

2 그리스 신화에 등장하는 인물로 아가멤논과 클리타임네스트라의 아들. 그는 아버지가 어머니와 그녀의 정부인 아이기스토스의 공모에 의해 살해되었다는 이야기를 누이동생인 엘렉트라에게서 전해 듣고, 친구 필라데스의 도움을 받아 어머니와 그녀의 정부 아이기스토스를 죽인다. 그는 어머니를 죽인 죄책감 때문에 광증에 사로잡히고, 복수의 3여신이 그를 따라다니며 괴롭힌다. 아이스킬로스의 3부작 비극,《오레스테이아*Oresteia*》의 중심인물인 그는 아폴론의 도움을 받아 아레오파고스 법정에서 자신의 처지를 호소한다. 배심원들의 판결이 팽팽히 맞서자 아테나 여신이 결정권을 행사해 그를 무죄석방하고, 복수의 여신들에게는 에우메니데스('자비의 여신'이라는 뜻)라는 칭호를 주어 그들의 불만을 해소시켜 주었다.

우리를 사로잡고 눈물을 뽑아 감정의 응어리를 풀어 준다.
　자 그러니, 연극에 대한 과한 열정에 사로잡혀
겉멋 든 시구로 상훈賞勳을 다투려는 그대여,
파리의 모든 이가 앞다투어 찬사를 표하고
매번 볼수록 아름다워
20년이 지나도 다시 찾을 작품을
무대 위에 펼쳐 보이고 싶은가?
그대의 모든 글에서, 끓어오른 정념이
독자의 마음을 움직여 감동케 하라.
정당한 정서적 동요로 인한 마땅한 격정이
우리를 흥미로운 공포로 사로잡지 못한다면,
혹은 매혹적인 연민[3]을 불러오지 못한다면,
극작법에 능통하여 장[4]을 펼쳐 보여도 헛일이니
가뜩이나 박수갈채에 인색한 관객은
그대의 차가운 추론 탓에 열정이 식고
그대의 공연한 수사학적 노력에 지쳐

---

3 아리스토텔레스에 따르면, 연민과 공포는 비극이 추구하는 궁극적인 목표로서, 사건의 급변, 잘 짜인 극행동, 극적 효과를 낳는 장식 요소 등을 통해 유발된다. 관객은 그러한 감정 상태를 통해 카타르시스를 맛본다.

4 연극의 이야기를 나누는 막幕과 장場 중 이야기 흐름의 최소 단위인 장을 의미한다.

그대로 잠들거나, 그대를 비난한다.
비결秘訣은 무엇보다 즐거움과 감동이다.
독자의 마음을 사로잡을 비법을 간구하라.
　극행동[5]을 잘 구성하여 시의 초반부터
무리 없이 주제로 들어가라.[6]
생각을 표현하는 데에 지지부진하여
자신이 원하는 바를 옳게 전달하지 못하고[7]

---

5 비극의 중요한 구성 요소인 '극행동action'은 전투나 죽음과 같은 구체적인 행위를 지칭하기도 하고, 무대에서 보이거나 기술된 일련의 사건의 흐름을 총칭하기도 한다.

6 극의 처음 부분인 '도입부exposition'는 등장인물들을 소개하고, 막이 오르기 전에 있었던 사건과 상황을 설명한다. 도입부가 지향하는 바는 극을 이해하는 데에 필요한 정보를 관객들에게 제공하며 그들의 호기심을 불러일으키는 것이다. 1막 1장에 한정되지 않는 도입부는 그 길고 짧음에 관계없이 극적 흥미를 떨어뜨리는 느린 진행이나 줄거리를 따라가기 힘들 정도의 빠른 진행을 피해야 한다. 중요한 것은 이 도입부에 앞으로 전개될 이야기의 모든 요소가 함축되어야 한다는 점이다.

7 도입부를 전개하는 방식은 다양하다. 예를 들어, 주인공과 속내 이야기를 들어주는 인물confident 간의 대화, 두 중심인물 간의 대화, 두 조연급 인물 간의 대화, 그리고 주인공의 독백으로 극을 시작할 수 있다. 그러나 독백의 경우에는 관객의 흥미를 감소시킬 수 있다. 코르네유Corneille의 《시나*Cinna*》의 1막 1장에서 에밀리Émilie는 52행의 긴 독백으로 복수와 사랑 사이에서 갈등을 표출한다. 사랑하는 시나에게 아우구스투스 황제의 살해를 일임한 그녀는 아버지의 원수를 갚느냐 연인을 살리느냐를 놓고 고민한다. 브로세트Brossette에 따르면,

극구성劇構成[8]을 제대로 펼치지 못해
유락流落을 고역으로 만드는 배우는 우스꽝스럽다.
차라리 배우가 이름을 밝혀 "나는 오레스테스요",
"나는 아가멤논[9]이요"라고 말하는 것이
수많은 초자연적 경이驚異로[10] 어설피,
정신에 호소 못하고, 귀만 피곤케 하는 것보다 낫다.
주제가 그토록 일찍 밝혀진 적은 없다.[11]

부알로는 여기서 주인공의 독백으로 천천히 진행되는 코르네유의《시나》의 도입부를 은근히 비난하고 있다. 볼테르Voltaire와 라 아르프La Harpe에 의하면, 이는 사실 코르네유의《에라클리우스Héraclius》의 도입부에 대한 비난이다.

8 연극 이야기의 구성 요소인 극구성intrigue.

9 미케네 또는 아르고스의 왕인 아가멤논은 트로이아 왕 프리아모스의 아들 파리스가 헬레네를 납치해 가자, 트로이아에 복수하기 위해 그리스의 왕들을 방문하여 연합군을 만들자고 제의했다. 그는 그리스 연합군의 총사령관으로 선출되었으나, 바람이 불지 않아 발이 묶이자 아르테미스의 분노를 가라앉히기 위해 자신의 딸 이피게니아를 제물로 바쳤다.

10 이야기 전개에서 우연성으로 인해 개연성이 약화되는 부분을 보완하기 위해, 작품에 천사나 악마 같은 초자연적 존재를 등장시켜 서사의 매듭을 잇는 중세적 극작법의 특징적 요소이다.

11 라신Racine의《이피제니 *Iphigénie*》에서 트로이아로 떠나는 그리스 연합군을 지휘하는 아가멤논은 새벽에 자신의 하인 아르카스를 깨우면서 이렇게 말한다.

그렇다. 자넬 깨운 이는 아가멤논, 그대의 왕이다.
자, 자네 귀를 두드리는 목소리를 알아보라.
(《이피제니》, 1막 1장, 1~2행)

극의 무대는 한 곳으로 정하여 명시하라.[12]
피레네 저편[13]의 운율꾼은 무대 위에다
수년을 하루에 몰아넣기도 한다.
그곳에서는 흔히, 조야한 극의 주인공이
첫 막에는 아이였나 끝막에는 노인이 되곤 한다.

라신의 작품 중 두 번째로 "그렇다Oui"로 시작하는 도입부에서 아가멤논은 자신의 이름과 신분을 분명히 밝히고 있다. "그렇다"로 도입부를 시작하는 라신의 첫 비극은 공교롭게도《앙드로마크*Andromaque*》이다. 그리스를 대표하는 대사의 임무를 맡은 오레스테스는 8행으로 된 첫 대사에서 자신의 이름과 상대방의 이름(6행)뿐만 아니라 극이 진행되는 시간과 장소와 상황을 분명하게 언급한다. 부알로가 라신의 이 두 비극의 도입부를 염두에 두고 글을 쓴 것으로 추정된다.

12 '장소의 일치'에 대해 아리스토텔레스가 구체적으로 언급한 바는 없으나, 이것이 '극행동의 일치'와 '시간의 일치' 이후에 형성된 것만은 확실하다. 공연시간이 재현할 사건들의 실제 시간을 지나치게 초과하지 말아야 한다는 '시간의 일치'는 '진실다움vraisemblable'이라는 일반적 규범에 긴밀하게 연결되며, 자연스럽게 '장소의 일치'를 요구한다. 왜냐하면 하루 동안에 등장인물이 여러 도시를 옮겨 다니는 것은 진실답지 않기 때문이다. '장소의 일치'가 정확히 언제 성립했는지 밝히기는 다른 규칙보다 더 어렵다고 인정한 르네 브레는 이 규칙이 1570년 카스텔베트로의 발언에 의해 정립되었다고 본다(René Bray, *Formation de la doctrine classique*, Nizet, 1945, p. 260). '진실다움'의 원칙에 따라 극의 실제 사건이 요구하는 시간 안에 움직일 수 있는 장소가 점차 제한되었고, 1640년부터는 한 장소로 국한되었다.

13 스페인을 의미한다.

그러나 이성의 법칙에 충실한 우리는,[14]
극행동이 예술적[15]으로 전개되기를 원한다.
한 장소에서 하루 안에 완결되는 하나의 사건으로
대단원까지 시종일관 내용을 채우라.[16]
개연성 없는 그 무엇도 관객에게 제공하지 말라.
진실은 때로 진실답지 않을 수 있다.[17]

---

14 프랑스인들을 말한다.

15 '예술성을 부여할 수 있는 모든 방법론적 기교를 통해서'라는 의미다.

16 부알로는 여기에서 '극행동', '시간', '장소'의 일치를 가리키는 '삼일치 법칙 règle des trois unités'을 이야기하고 있다. 고전주의 이론가들이 이 원칙을 만들 때 권위와 규범으로 인용한 인물은 아리스토텔레스다. 그러나 아리스토텔레스가 시인이 준수해야 할 요소로 내세운 것은 자신의《시학》제8장에서 언급한 '극행동의 일치'이다('시간의 일치'는 서사시와 구별하기 위해 제5장에서 짧게 언급됨). '극행동의 일치'에 대한 부알로의 언급은 너무도 간략하여 그 개념이 모호하다. '시간과 장소의 일치'가 상연의 '진실다움'과 관련된다면, '극행동의 일치'는 고전주의 취향인 단순함과 명료함을 반영한다. 그러나 '극행동의 일치'는 그 단일성이나 단순성보다는 극행동의 각 세부 요소가 중심 극행동에 종속되어야 함을 의미한다.

17 '진실다움'이라고 번역되는 이 용어는 아리스토텔레스의《시학》제9장에서 유래한다. 그에 따르면, 시인의 역할은 실제로 일어난 일이 아니라 '진실다움'과 '필연성'에 따라 일어남직한 일을 묘사하는 것이다. 시대에 따라 변하는 '진실다움'은 이성을 갖춘 관객이 받아들일 수 있는 것을 의미한다. 도비냑은《연극의 실천》에서 이러한 생각을 극단으로 몰고 가 '진실다움'에 절대적 지위를 부여한다. 이에 반해 코르네유의 독창성 중 하나는 '진실다움'보다 역사적 사실,

터무니없는 경이는 내겐 매력이 없다.
정신은 믿기지 않는 것에 절대 감동하지 않는다.
보지 말아야 할 것은 이야기로 제시하라.
물론 직접 눈으로 보면 더 잘 파악될 것이다.
그러나 올바른 기법에 따르기 위해 귀에는 들려주되,
눈에는 멀리해야 할 대상이 있다.
　혼돈은 장場이 거듭되면서 점차 고조되다
절정에 이르면 거침없이 해결되어야 한다.
우리가 더없이 강렬한 인상을 받는 것은
복잡한 사건으로 얽힌 이야기에서
숨겨진 진실이, 갑자기 밝혀져
모든 것이 바뀌고 뜻밖의 국면을 맞을 때다.[18]

'진실'을 선호했다는 점이다. 그의 입장은《르 시드*Le Cid*》논쟁을 통해 격렬하게 비난받았다.

18 여기서 부알로는 비극의 '급변péripétie'에 대해 기술하고 있다. '극행동'이 대단원으로 치닫는 중요한 순간인 급변은 고전주의 비극에서 일반적으로 4막의 끝에 배치된다. 아리스토텔레스는《시학》에서 주인공의 운명에 '급변'이나 '발견', 또는 이 양자를 다 동반하는 비극을 권장하면서, 그 가장 훌륭한 예로《오이디푸스 왕》을 들고 있다. 코린토스에서 온 사자는 오이디푸스를 기쁘게 해 줄 목적으로 소식을 전하나 이것이 불행히도 왕의 신분을 밝혀 주는 계기가 된다. 그러나 아리스토텔레스 이후 오랫동안 유지된 '급변은 단 하나만 존재한다'는 전통은 깨지게 된다. 이는 급변이 '극행동'을 예기치 못한 방향으로

형식을 갖추지 못해 조잡했던 태생기의 비극은
단순한 합창 무대였으니,
거기서 춤추고 포도의 신을 찬양하며
풍성한 수확을 기원하곤 했다.[19]
이 비극에서는 술과 쾌락이 사람들을 즐겁게 했고
가장 재능 있는 시인에게는 숫염소 상이 주어졌다.[20]
테스피스[21]가 처음 포도주 찌끼를 얼굴에 칠한 채

전개시키고, 관객에게 강한 서스펜스 효과를 불러일으킬 수 있다는 점이 강조되었기 때문이다. 브뤼티에르는 부알로의 《시학》의 주석을 달며, 이 부분이 라신의 《이피제니》 3막 5장에 나타나는 급변 — 자신의 딸을 제물로 바쳐 트로이아 원정을 떠나려는 아가멤논의 의도가 밝혀짐 — 에 대한 암시라고 주장한다. 그에 의하면, 두 작품이 같은 해에 출판되었을 뿐만 아니라 부알로는 라신에게 호의적인 태도를 견지하면서 자신의 시구에 현실성을 담으려 했다는 것이다.

19 비극은 그리스에서 숫염소를 제물로 바치는 의식인 디오니소스 제사에서 기원했다. 이 신을 찬양하는 풍요제豊饒際에는 서정적인 노래가 포함되어 있었고, 여기에 변형과 각색이 더해지면서 비극 장르가 탄생했다. 이는 아리스토텔레스가 《시학》에서 주장하는 바이고, 대다수 학자들이 받아들이는 설명이다. 처음에는 합창단의 노래와 무용을 통한 찬양이었으나, 나중에는 합창단 가운데 한 사람이 나와 합창단과 대화를 주고받았다.

20 많은 주석가들이 주장하듯이, 비극의 기원에 대한 간략한 묘사에서 부알로는 호라티우스를 따른다. 그러나 문제의 숫염소는 비극 경연의 상이 아니라 디오니소스 신에게 바쳐진 희생물이라는 해석이 더욱 설득력 있게 받아들여진다.

이 유쾌한 광기를 도시마다 끌고 다녔고,
엉성하게 분장한 배우들을 마차에 태우고
새로운 볼거리로 행인들을 즐겁게 했다.
아이스킬로스는 코러스에 배역을 주었고[22]
좀 더 적절한 가면[23]으로 얼굴을 가리게 했으며
대중 앞에 높이 설치된 극장 무대에
브로드캥[24]을 신은 배우를 등장시켰다.

---

21 테스피스(Thespis)는 기원전 6세기에 아테네에서 활동한 그리스 시인으로, 흔히 '비극의 창시자'로 여겨진다. 그는 디오니소스 대축제에서 최초로 상을 받은 인물로 기록되어 있다. 대부분의 학자들은 그가 한 명의 배우를 도입하여, 코러스 중심이던 초기 비극에 처음으로 프롤로그와 대사를 도입한 것으로 본다. 테스피스의 마차에 대한 부알로의 언급은 호라티우스의《시학》에 근거한 것이다.

22 아이스킬로스(Aeschylus, 기원전 525~456년)는 고대 그리스의 대표적인 비극작가로, 비극의 기본적 형식을 만들었다. 그의 작품은 80~90여 편에 이르렀으나, 그중 7편만 온전하게 전해진다. 현존하는 작품은《페르시아인들》,《테바이를 공격한 7인》,《결박된 프로메테우스》,《탄원하는 여인들》과《오레스테이아》의 3부작을 구성하는《아가멤논》,《제주를 바치는 여인들》,《에우메니데스》이다. 한 명의 배우와 코러스만으로 전개되던 비극의 관례를 깨고, 아이스킬로스는 그리스 연극에 독립적 역할과 대사를 가진 두 번째 배우를 도입했다. 이 혁신으로 그리스 비극은 줄거리 구성과 대사가 훨씬 더 다양해지고 극적 긴장을 얻을 수 있었다고 한다.

23 평범한 아마포로 짠 가면은 이미 테스피스에 의해, 배역의 감정을 적절하게 표현할 수 있도록 정교하게 만들어진 채색 가면은 아이스킬로스에 의해 도입되었다.

소포클레스[25]가 마침내 자신의 천재성을 한껏 발휘하여
비극에 웅장함을 배가하고 조화를 증대시켜,
코러스를 극행동 전반에 참여시켰으며
지나치게 거친 시구의 표현을 갈고닦았다.
그가 그리스인들에게 저 높은 신성을 부여하였으니
라틴식 취약함이 결코 도달할 수 없는 것이었다.
독실한 우리 조상들에게 연극은 혐오스러운 것으로
프랑스에서는 그 즐거움은 오랫동안 무시되었다.[26]
순례자들로 구성된 조야한 극단이

---

24 부알로의 착각에서 기인한 것으로, 브로드캥brodequin은 사실 희극 공연에서 배우가 신는 신발이다. 비극 공연 시 배우는 굽 높은 구두인 코토르노스cothurnus를 신었다.

25 소포클레스(Sophocles, 기원전 497~406년)는 아이스킬로스 및 에우리피데스와 더불어 고대 그리스의 3대 비극작가 중 한 사람이다. 그는 123편의 희곡을 썼지만 지금까지 남아 있는 것은 7편뿐이며, 가장 널리 알려진 작품은 《오이디푸스 왕》이다. 경연대회에서 3부작 형식으로 비극을 무대에 올린 아이스킬로스와 달리 소포클레스는 각각 완전한 형식을 갖춘 세 편의 극을 썼다. 그는 비극에 세 번째 배우를 추가하여 인물들 간의 직접적인 갈등을 드러냈고, 코러스의 비중을 줄였다. 아리스토텔레스가 《시학》에서 소포클레스를 다른 비극작가들보다 높이 평가하며 《오이디푸스 왕》을 비극의 모델로 선정한 것은, 그가 비극의 완벽한 형식을 추구한 극작가로서의 노력과 무관하지 않다.

26 중세 문학에 대해 잘 모르는 부알로는 교회에서 중세 연극이 유래했다는 사실을 간과하고 있다.

파리에서 공식적으로 첫 상연을 했고
어리석게도 단순한 열정만 가지고
하느님과 성인, 성모를 경건하게 연기했다고 한다.
지식이 결국 무지無知를 일소해[27]
이들의 시도가 독실하긴 하나 경솔했음을 보여 주었다.
소명 없이 설교만 하는 박사님들[28]은 쫓겨났다.
세상은 헥토르, 안드로마케, 일리온[29]의 재탄생을 보았다.
다만, 배우들은 고대의 가면을 벗어 버렸고
바이올린이 합창대와 음악을 대신했다.[30]

---

27 여기서 말하는 지식은 고대 그리스와 로마에 대한 지식이다. 부알로는 중세 연극의 소멸을 르네상스에 힘입은 고대 문화의 재발견으로만 해석한다. 그러나 종교개혁과 이로 인한 가톨릭 내부의 움직임에서도 중세 연극이 사라진 원인을 찾아볼 수 있다.

28 연극 전문가라고 자칭하는 사람들을 의미한다.

29 헥토르는 트로이아 프리아모스 왕의 맏아들이며 트로이아군의 총사령관이다. 그는 전투에서 용맹을 떨쳤으나 아킬레우스와의 전투에서 전사한다. 안드로마케는 헥토르의 아내였으나, 아킬레우스의 아들 네오프톨레모스(피뤼스)가 트로이아를 함락시켰을 때 그의 포로가 된다. 라신의 《앙드로마크》의 주인공인 그녀는 자신을 사랑하는 피뤼스와 대치하면서 헥토르 소생 아들의 목숨을 구하려 한다. '일리온'은 호메로스의 《일리아스》의 무대가 된 고대 도시로, 트로이아라는 이름으로 더 잘 알려져 있다. 트로이아의 왕자인 파리스와 함께 도주한 그리스 제일의 미녀인 헬레네를 되찾기 위해 그리스 연합군이 결성되면서 전쟁이 시작되었다.

곧이어 벅찬 감정들로 비옥해진 사랑이
소설은 물론 연극도 점령했다.
사랑이란 정념에 대한 감각적 묘사는
마음으로 향하는 가장 확실한 길이다.
자, 그러니 사랑에 빠진 주인공들을 그려라.
허나 그들을 온화하기만 한 목동으로 만들지 말라.
아킬레우스의 사랑은 티르시스나 필렌[31]의 것과 달라야 한다.
키루스[32]를 아르타멘으로 만들지 말라.
그리고 사랑이란 주로 후회의 많고 적음을 다투는 것이니
사랑을 미덕이 아닌 결함으로 보이도록 하라.

---

30 극작가들은 이제 고대의 전설과 역사에서 소재를 찾지만, 고대극과 달리 배우들은 더 이상 가면을 쓰지 않았고 코러스도 무대에서 사라졌다. 그러나 부알로의 지적에도 불구하고, 16세기 비극에서 코러스가 완전히 사라진 것은 아니었다.

31 목가나 전원극에 등장하는 인물들의 전형적인 이름이다. 여기서는 서사시에 등장하는 아킬레우스의 사랑 이야기가, 목가 소설 속 인물들의 사랑 이야기와는 다른 방식으로 전개되어야 한다는 점을 주장하기 위해 인용되었다.

32 조르주 드 스퀴데리와 마들렌 드 스퀴데리 남매가 쓴 10권의 대하소설《아르타멘 또는 시뤼스 대왕 *Artamène ou le grand Cyrus*》(1649~1653년)에 등장하는 주인공이다. 망단Mandane을 사랑하는 페르시아 왕 키루스는 아르타멘이라는 이름으로 신분을 숨긴다. 이 소설은 1만 3,000쪽, 210만 단어로 구성된 그 당시로서는 엄청난 분량의 소설이었고, 요즘 식으로 이야기하면 공전의 히트를 친 작품이었다. 부알로는 왕 시뤼스가 아르타멘이라는 목동으로 가장하며 이야기가 진행되는 이 소설의 가치를 낮게 평가하고 있다.

이야기 속 주인공을 왜소하게 만드는 일을 피하라.
그러나 위대한 존재에게도 어느 정도 약점은 부여하라.
아킬레우스가 성마름과 다혈질이 덜했다면 호감은 얻지 못하리니,
모욕 앞에 눈물을 흘리는 그를 보는 것은 나도 좋아한다.[33]
그에 대한 묘사에 드러난 이 사소한 결점들을 통해
자연스런 인간의 모습을 볼 수 있다.
그대의 글에서도 이 모델을 따르도록 하라.
아가멤논은 자신감 넘쳐 거만하며 탐욕스러워야 하며
아이네이스[34]는 자신의 신들을 엄숙히 섬기게 해야 한다.
이 모든 인물이 그 고유한 성격을 간직하게 하라.

---

33 호메로스의 서사시《일리아스》에는 아킬레우스가 자신의 전쟁 포로이자 몸종인 여인 브리세이스를 자신의 상관 아가멤논에게 빼앗기는 장면이 나오는데, 이때 그는 눈물을 흘린다. 또한 아킬레우스와의 일대일 혈투에서 패배하고 죽음을 맞이한 트로이아의 헥토르 시신을 수습하기 위해 성 밖으로 나온 트로이아 왕 프리아모스를 맞이한 아킬레우스는 예를 갖추어 대하며 그 아버지와 함께 헥토르의 죽음을 애도하며 눈물을 흘리는 장면이 있다. 강인함과 용맹함의 상징인 아킬레우스는 이 서사시에서 자주 우는 모습을 보인다(Hélène Monsacré, *Les Larmes d'Achille, Héros, femme et souffrance chez Homère*, Le Félin, 2010 참조).

34 헥토르에 버금가는 트로이아군의 제 2인자였던 아이네이스는 트로이아가 함락된 후 생존자들을 이끌었다. 로마가 이탈리아와 지중해를 석권하자 로마 작가들은 아이네이스를 로마의 건국자로 추앙했다. 베르길리우스는 라틴 서사시《아이네이스》에서 아이네이스의 신에 대한 복종심을 강조했다.

시대별, 나라별 풍습을 연구해야 하는바
풍토로 인해 서로 다른 기질이 생겨나곤 하기 때문이다.
　그러니 《클레리》[35]에서처럼, 고대 이탈리아에
프랑스적 분위기나 정신을 부여하지 않도록 하라.
그리고 로마 이름을 사용해 그대가 인물 묘사를 하면서
카토[36]를 갈랑[37]으로 브루투스[38]를 다메레[39]로 그리지 말라.
경박한 소설에서는 무엇이든 쉽게 허용된다.

---

35 《클레리, 로마사*Clélie, Histoire romaine*》(1654~1660년)는 스퀴데리 양이 쓴 10권짜리 소설. 작품의 배경은 기원전 509년경 로마에서 쫓겨난 타르퀴니우스가 권력을 되찾기 위해 로마와 전쟁을 벌인 시기이다. 귀족 가문의 여성 클레리는 에트루리아 왕의 아들 아롱스Aronce를 사랑하고, 결국 둘은 결혼한다는 이야기이다. 로마 제정 말기의 역사적 사실이나 고증과는 무관하며, 당시 유행하는 연애 및 모험소설이다.

36 카토, 마르쿠스 포르키우스(Cato, Marcus Porcius, 기원전 234~149년)는 로마의 평범한 가문에서 태어나 집정관과 감찰관까지 지낸 인물이다. 거듭되는 전쟁의 승리로 사치와 타락이 만연하던 시대에 스스로 근면의 모범을 보여 줬다.

37 galant. 여인들에게 친절하고 배려를 아끼지 않는 남자들을 가리키는 단어로, 17세기 프랑스 사회에서 오네톰honnête homme, 프레시외즈précieuse 등과 더불어 이전에 존재하지 않던 새로운 인간형을 지칭하는 말이다.

38 마르쿠스 유니우스 브루투스(Marcus Junius Brutus, 기원전 85~42년)는 카이사르의 양자이자 카이사르를 암살한 인물이다.

39 dameret. 17세기에 사용되던 용어로, 외모를 여자처럼 꾸미고 말투에 애교를 섞어 말하는 남자를 낮잡아 부르는 단어다. 위의 갈랑몰리에르의 연극에서는 damoiseau라는 단어로 표현되곤 한다.

허구인 이야기는 흐름 속에서 재미를 주는 것으로 충분하다.
그러니 지나친 엄격함은 허구에 적절하지 않다.
그러나 이야기가 펼쳐지는 무대는 정확한 이성이 요구된다.
무대에서는 엄격한 '관례'[40]가 지켜져야 한다.
　새로운 인물을 만들고 싶은가?
그 인물은 모든 면에서 일관된 모습을 유지해야 하며,
처음부터 끝까지 그 인물 그대로여야 한다.
　자기애에 빠져 있는 작가는 이걸 무시하고,
흔히 모든 주인공을 자기와 유사하게 만든다.
가스코뉴의 작가에게서는 모든 인물이 가스코뉴 기질을 갖는다.
칼프르네드[41]와 유바는 같은 어조로 말한다.

---

40 bienséance. 이야기 속 인물의 어투와 언어, 그리고 상황 등이 일반 관객의 상식에 부합해야 함을 뜻하는 연극 용어다. 일상 언어에서는 예의범절, 품위 등으로도 번역되며, 연극적 용어로는 관례나 적절함 등으로 번역될 수 있다.

41 고티에 드 코스트, 칼프르네드 영주(Gautier de Costes, seigneur de La Calprenède, 1609~1663년)는 가스코뉴 지역으로 통칭되는 프랑스 남서부 도르도뉴 지역 출신 작가로 감상적이고 모험적인 역사소설로 대단한 인기를 얻었다. 그의 《카산드라 *Cassandre*》(1642~1645년)는 페르시아 제국이 몰락한 역사를 다루었으며, 《클레오파트라 *Cléopâtre*》(1647~1658년)는 클레오파트라와 안토니우스 사이에서 태어난 딸이라고 주장하는 한 여자의 이야기다. 이 소설에 등장하는 유바 1세(기원전 85~46년경)는 모리타니의 왕으로, 폼페이우스의 추종자들과 함께 율리우스 카이사르에 대항해 싸우다 패배하여 자살했다.

우리 인간의 내면은 그보다 더 다채롭고 현명해서[42]
각각의 정념은 저마다 다른 언어로 말한다.
분노는 오만하여 도도한 단어를 필요로 한다.
낙담은 그보다 덜 거만한 말들로 표현된다.
불타는 트로이아를 마주하고 비탄에 잠긴 헤카베[43]가
과장된 탄식을 내뱉어서도 안 되며,
"흑해가 일곱 개의 입을 통해 타나이스강을 받아들인다"[44]
라며 그 비참한 나라에 당치 않은 묘사를 해서도 안 된다.
이 모든 경박한 표현 더미는 그럴듯하지만
말하기 좋아하는 떠버리의 것이다.
고통 속에서는 그대도 스스로를 가라앉혀야 한다.
내게서 눈물을 자아내려면 그대가 울어야 한다.
그러므로 배우가 한 입 가득 내뱉는 저 거창한 말들은
불행으로 상처 입은 마음에서 나올 수 있는 것이 아니다.

---

42 프랑스 남서부 피레네산맥 동북부에 걸쳐 있는 가스코뉴 지역은 고유한 언어와 문화를 지녔다. 투르와 파리를 중심으로 한 프랑스 중부 지역 사람들은 가스코뉴 사람들을 허풍이 심하고 전투적이며 단순하고 말이 많은 성향이라고 인식했다. 부알로도 그와 같이 생각한 듯하다. 여기서 사용된 형용사 divers와 sage는 가스코뉴 출신 작가 칼프르네드의 성향인 단순함이나 다혈질과 대조되는 의미다.

43 트로이아의 프리아모스 왕의 첫째 부인이며, 헥토르의 어머니이다. 트로이아가 그리스 군대에게 함락되었을 때 포로가 되었다.

44 로마 시인 세네카가 쓴 비극《트로이아의 여인들》의 도입부 구절을 인용했다.

프랑스에서는 까다로운 비평가들이 넘쳐나
극장은 출연하기 매우 위험한 장소다.
작가는 그곳을 쉽게 정복할 수 없다.
그는 언제나 야유할 준비가 된 관객을 마주한다.
관객은 작가를 어리석고 무식한 자로 여길 수 있다.
이것은 입장하면서 관객이 입구에서 사는 권리다.
작가는 즐거움 제공을 위해 백방으로 몸을 낮추어야 하고
때로는 스스로를 높이고, 때로는 낮추며,
어디서건 고귀한 감정으로 충만해야 하고,
편안하면서도 심지가 굳고, 쾌활하면서도 깊이가 있어야 한다.
경탄스러운 필치로 끊임없이 우리를 일깨워야 하며
경이驚異를 오가며 시를 누벼야 한다.
그리고 기술된 모든 것이 기억하기 쉬워,
작품이 우리 마음에 오래 남게 하라.
그렇게 비극은 작동, 진행, 전개되는 것이다.
서사시는 훨씬 더 웅장한 양식으로
긴 줄거리의 방대한 이야기 속에서
신화를 토대로 하되 허구로 살아간다.
우리를 매혹하기 위한 온갖 수단이 동원된다.
모든 것이 저마다 육체, 영혼, 정신, 얼굴을 갖는다.
모든 덕성은 신성을 띠게 된다.

미네르바는 지혜의 신이요 비너스는 미의 신이다.
이제 우레를 일으키는 것은 더 이상 구름이 아니라
대지를 두려움에 떨게 하려고 무장한 주피터다.
뱃사람들의 눈에 끔찍한 폭풍우는
파도를 세차게 모는 성난 넵투누스다.
에코는 더 이상 공기 중에 울려 퍼지는 메아리가 아니라
나르키소스를 원망하며 울고 있는 님프다.
그러므로 고귀한 내용의 허구 전체에서
시인은 즐겨 수많은 이야깃거리를 찾아내어
그 모든 것을 장식하고 드높이고 아름답게 확대하면서
자신의 손 아래로 만개한 꽃들을 발견한다.
아이네이스와 그의 배들이 바람에 흩어져
세찬 폭풍우에 아프리카 해안으로 밀려가는 것은
흔히 있는 평범한 모험담이요
운명의 화살의 대수롭지 않은 타격일 뿐이다.
그러나 트로이아인에 대한 계속된 적대감에서 유노[45]가
일리온[46]의 유민遺民을 바다에서 계속 추적한다거나,

45 그리스의 헤라에 해당하는 로마 여신이다. 헤라는 아테네와 아프로디테, 두 여신과 아름다움을 겨루다 파리스의 심판으로 아프로디테에게 패한다. 트로이아 전쟁이 일어났을 때, 트로이아가 파리스의 나라여서 미워했다고 전해진다.

아이올로스[47]가 유노를 위해 유민을 이탈리아에서 쫓아내고자
반란의 바람에게 아이올리아[48]의 감옥을 열어 준다거나,
성난 넵투누스가 바다 위로 솟구쳐 올라
말 한마디로 물결을 잠재우고 대기를 진정시켜
배를 풀어 시르트반[49]에서 빼내는, 이런 것들이
독자를 놀라움과 충격으로 사로잡아 붙들어 놓는다.
이 모든 장식[50]이 없다면 시구는 생기가 사라지고
시는 죽거나 혹은 무기력하게 긴다.
그런 시인은 소심한 웅변가일 뿐이며
따분한 우화를 차갑게 기술하는 사가일 뿐이다.
　그러니 안타까운 것은 실망스러운 우리 작가들이[51]

---

46 트로이아를 말한다.

47 그리스 신화에서 바람의 신.

48 소아시아의 그리스 식민지. 바람의 신 아이올로스가 통치하는 섬으로 베르길리우스의 《아이네이스》에서는 아이올로스가 동굴 속에 바람을 가두고 있는 것으로 묘사된다.

49 Syrtes. 아프리카 해안에 위치한 지중해의 모래 만灣. 모래가 쓸려 오므로 배들이 빠져나오기 어렵고 위험할 수 있다.

50 허구적·수사적 장식을 의미한다.

51 부알로의 1713년 주에 따르면, 그는 이교도 신화에 반대하는 글을 쓴 데마레 드 생소를랭〔Desmarets de Saint Sorlin(Des Marests de Saint-Sorlin), 1595~1676년〕을 염두에 두고 있다.

이 허용된 장식들을 자신의 시구에서 추방하고
하느님과 성인들, 예언자들을, 마치 시인의 뇌리에 박힌
이교의 제신諸神들처럼 행동하게 할 생각을 하여
독자를 한 발씩 지옥으로 이끌어 아스타로트, 벨제뷔트,
루시퍼 외에 아무것도 보여 주지 않는다는 것이다.[52]
기독교의 무시무시한 성사극聖史劇들은
결코 경쾌한 장식들을 허용하지 않는다.
복음서는 모든 면에서 사람들에게
오직 수행해야 할 고행과 받아야 할 형벌만 제공한다.
그대의 허구가 불경하게 뒤섞이는 바람에
복음서의 진실조차 신화가 되고 만다.[53]

---

52 조르주 드 스퀴데리의 서사시《알라리크 혹은 함락된 로마》를 암시한 것이다. 여기에 지옥 회합 장면이 나오는데, 루시퍼가 특히 벨제뷔트〔신약: 바알세붑, 가톨릭 공동번역: 바알즈붑(구약), 베엘제불(신약)〕, 아스타로트와 상의한다. 데마레 드 생소를랭의 글에서도 사탄이 언급된다. 아스타로트, 벨제뷔트, 루시퍼는 지옥 제국의 실질적 통치권자들이다. 아스타로트는 페니키아의 신으로 부富의 악마이고, 그의 아내인 아스타르테는 사랑의 쾌락을 관장한다. 벨제뷔트는《신약성서》에서 악마들의 왕자다. 루시퍼는 원래 대천사였으나 사탄과 함께 신에 대항하다 패배했으며, 천의 얼굴을 지니고 변신 능력이 있다.

53 기독교적 경이담의 문제는 당시 재사들 사이에 논쟁거리였다. 아베 도비냑abbé d'Aubignac은 신의 계시를 통해 우리에게 전달되는 신비담에 허구가 뒤섞

그래서 결국 보여 주려는 것이 무엇인가?
늘 하늘에 대고 괴성을 질러대다
그대 주인공의 영광을 폄훼하려고나 하고
때로는 신과 승리를 다투려는 악마 말고 말이다.
타소[54]는 그런 이야기를 성공석으로 썼다고들 한다.
내가 여기서 그를 비난하려는 것은 전혀 아니다.
하지만 우리 세기가 그의 영광에 대해 뭐라고 말하건
늘 기도하는 그의 현명한 주인공[55]이

임으로써 진실을 거짓처럼 보이게 하고 거짓을 진실처럼 보이게 한다면서 기독교적 경이담을 비판하였다. 그러나 이런 비난에도 불구하고 당시에 기독교적 서사시는 성행했으며, 기독교적 영웅시의 대가가 바로 데마레 드 생소를랭이었다. 그는 기독교적 주제가 영웅시에 가장 적합함을 입증하고자 했다. 부알로는 그가 성체회La Compagnie de Saint-Sacrement 소속으로 장세니스트들을 적대시하였고, 또 자신이 이교도적 경이담에 대해 평가한 것을 두고 무신론자로 몰아세웠기에 그를 싫어했다. 이러한 몇 가지 개인적 이유로 부알로는 기독교적 경이담을 싫어했고, 이를 여러 글에서 암시했다. 데마레 드 생소를랭은 또한 신구 논쟁에서 신파를 지지하기도 했다(플레이아드 주 참조. pp. 998~999).

54 토르콰토 타소(Torquato Tasso, 1544~1595년)는 이탈리아의 휴머니스트 시인이다. 그의 작품《해방된 예루살렘*La Jérusalem délivrée*》은 프랑스에서 대성공을 거두었으며, 유럽에 서사시의 부활을 가져왔다. 이 작품의 주인공인 르노는 기독교의 아킬레우스라고 할 수 있다. 부알로는 타소와 이탈리아 문학에 대해 전반적으로 반감을 가지고 있었다고 한다.

결국 사탄을 설득하지 못했더라면,
또한 작품 속에서 르노, 아르간, 탄크레드와 그의 연인이
주제의 음울함을 유쾌하게 만들지 않았더라면
타소도 자신의 책으로 이탈리아를 빛내지는 못했을 것이다.
　내가 기독교적인 주제에서 우상을 광적으로 숭배하는
이교적인 작가[56]를 인정하는 것은 아니다.
하지만 종교와 무관한 유쾌한 것을 묘사하면서,
신화적 형태를 취할 엄두를 내지 못하여,
물의 제국帝國에서 트리톤[57]을 쫓아낸다거나,
판에게서 피리를, 파르카[58]에게서 가위를 빼앗는다거나,

---

55 제1차 십자군 전쟁(1096~1101년) 때 뫼즈강과 라인강 기사단을 이끈 고드프루아 드 부이용〔Godefroy(Godefroi) de Bouillon, 1061~1100년〕을 지칭한다. 214행의 르노Renaud, 아르간Argant, 탄크레드Tancrède, 그리고 그의 연인인 에르미니아Herminie는 모두 《해방된 예루살렘》에 나오는 인물들이다. 부알로는 이 서사시에 대해 기독교적 경이담을 제외하고는 비난하지 않았다고 한다(Larousse 주 참고).

56 부알로가 붙인 1713년 판본의 주석에 의거하여, 주석가들은 부알로가 1502년경에 지어진 아리오스트의 장시, 《격노한 롤랑*Roland furieux*》을 염두에 두고 이 시구를 썼을 것이라고 추정한다.

57 바다의 신 포세이돈과 바다의 여왕 암피트리테의 아들이다. 트리톤이란 이름은 단 하나의 신성神性에만 적용되는 것이 아니라 포세이돈을 수행하는 일련의 존재 모두에게 적용된다.

58 파르카Parques는 인간 한 명 한 명의 운명을 주관하는 세 여신의 통칭이다.

카론[59]이 숙명의 나룻배에
목동을 태우듯 군주를 태우지 못하게 하는 것은
쓸데없는 걱정으로 어리석게 겁을 먹는 것이요,
흥밋거리도 없이 독자를 즐겁게 하려는 것이다.
그런 자들은 당장 지혜의 신에 대한 묘사를 금지할 것이고,
테미스[60]에게 눈가리개와 천칭도 금할 것이며
청동 투구를 쓴 전쟁의 신이나,
모래시계를 들고 달아나는 시간의 신의 생생한 묘사를 금할 것이다.
그리고 그런 자들은 잘못된 열정에 빠져
글의 도처에서 알레고리를 우상숭배라고 쫓아낼 것이다.
그들이 녹실한 오류를 자화자찬하게 내버려두자.
하지만 우리는 괜한 두려움일랑 몰아내 버리자.
신화를 다루는 기독교도여, 꿈에서라도

각각의 이름은 노나Nona, 데쿠마Decuma, 모르타Morta이며, 그리스의 모이라이 3여신(아트로포스Atropos, 클로토Clotho, 라케시스Lachésis)과 동일시된다. 그들은 모두 실을 통해 인간의 운명을 다루는데, 실을 잣고, 실을 감고, 그 실을 끊는 역할을 나누어 맡음으로써 각각 인간의 탄생, 결혼, 죽음을 주재한다.

59 지옥세계의 정령으로, 아케론강의 늪지대를 가로질러 영혼들을 스틱스강의 저편 기슭으로 데려다준다. 망자들은 그 대가로 그에게 동전 한 닢을 준다.

60 우라노스와 가이아의 딸. 타이탄족에 속하는 그녀는 제우스의 두 번째 부인으로 시간의 3여신과 세 명의 모이라이(파르카)를 낳았다. 정의와 법률의 신으로서 제우스의 조언자 역할을 했다.

진정한 신을 허구의 신으로 만들 생각 따위는 하지 말자.
　신화는 우리에게 수없이 다양한 흥밋거리를 제공한다.
신화에서는 오디세우스, 아가멤논, 오레스테스, 이도메네우스,
헬레나, 메넬라오스, 파리스, 헥토르, 아이네이스[61] 같은
적절한 이름들 모두가 시구를 위해 태어난 것 같다.
오, 무지한 시인의 우스꽝스러운 발상이여,
하고많은 주인공 가운데 실드브랑[62]을 선택하다니!

---

61 두 행에 걸쳐 등장하는 인물들은 트로이아전쟁의 용장들이거나 그와 관련된 신화 속 주인공들이다. 트로이아의 왕자인 파리스가 아가멤논의 아내 헬레나를 데려가자, 이에 분노한 아가멤논이 그리스의 여러 왕들을 규합하여 트로이아 공격에 나선다. 그러나 바람이 불지 않아 그리스 군대의 범선은 한 달이 넘도록 항구에 묶여 있었고, 범선을 움직이기 위해 아가멤논의 딸 이피게네이아를 아르테미스에게 제물로 바쳐야 했다. 메넬라오스의 형이자 그리스군 최고 사령관인 아가멤논은 딸의 희생을 망설였다. 하지만 이피게네이아는 나라의 명예와 영광을 위해 기꺼이 죽겠다는 용감한 결정을 내리고 스스로 제물대로 올라간다. 목이 떨어지려는 순간, 처녀의 용기에 감동한 아르테미스가 이피게네이아를 구름 속으로 사라지게 하고, 그녀를 암사슴 한 마리와 바꾸어 사슴의 목이 잘려 나가게 했다. 전쟁을 마치고 아가멤논은 무사히 귀환했지만 아내 클리타임네스트라와 그녀의 정부에 의해 살해되었다. 훗날 아가멤논의 아들 오레스테스가 어머니와 그녀의 정부 아이기스토스를 죽여 아버지의 복수를 한다. 그의 행동은 신들의 재판에 부쳐졌고, 투표 결과 찬반이 동수로 나와 무죄판결을 받았다.

62 1667년에 출판된 카렐 드 생트가르드Carel de Sainte-Garde의 영웅시, 《실드브랑 또는 프랑스에서 추방된 사라센 민족*Childebrand ou les Sarrasins chassés de France*》의 주인공이다.

때때로 귀에 거슬리는 생경한 이름 하나만으로도
시 전체가 우스꽝스럽거나 투박하게 된다.
오래 독자를 기쁘게 하며 무료치 않게 하고 싶은가?
흥미를 끌기에 적합한 주인공을 선택하라.
가치가 빛나고 덕성이 고매한 인물,
그에게서는 결점까지도 영웅적으로 보여야 한다.
그의 놀라운 행적은 들을 만한 가치가 있어야 한다.
그는 카이사르, 알렉산더 혹은 루이 같아야지,
폴리네이케스와 그의 배신자 형제 같아서는 안 된다.[63]
통속적인 정복자의 무훈담은 권태롭다.
하나의 수제에 너무 많은 사건을 엮어 내놓지 말라.
솜씨 있게 다루면 아킬레우스의 분노만으로도
《일리아스》 같은 작품 전체를 가득 채운다.
지나치게 많은 사건은 이야기를 빈곤하게 만들곤 한다.

---

63 폴리네이케스는 오이디푸스와 이오카스테의 아들로, 그에게는 에테오클레스라는 쌍둥이 형제가 있었다. 오이디푸스가 방랑의 길을 떠난 후, 두 형제는 나라를 1년씩 번갈아가며 다스리기로 협약을 맺었다. 처음에는 에테오클레스가 왕위를 맡았다. 1년 후 폴리네이케스가 돌아와 왕위를 넘겨줄 것을 요구했지만 에테오클레스는 거절했다. 이에 폴리네이케스는 군대를 조직하여 에테오클레스를 공격했다. 이 싸움에서 만난 두 형제는 격렬한 일대일 결투를 벌인 끝에 모두 죽음을 맞이하고 말았다.

서술은 힘차고 속도감 있게 하라.
묘사는 풍부하고 장엄하게 하라.
그와 동시에 시구의 풍아風雅함이 펼쳐져야 한다.
저급한 상황은 절대 제시하지 말라.
바다를 묘사하면서, 갈라진 물길 위에
지배자의 부당한 속박에서 벗어난 히브리인들을 그리면서
그들이 지나는 것을 묘사하려 창窓[64]에 물고기를 배치하고,
앞으로 가다 깡충대다 돌아와 기뻐하며
주은 조약돌을 어머니에게 주는 아이[65]를 묘사하는
그런 정신 나간 사람을 본뜨지 말라.
이는 쓸데없는 것들에 눈을 돌리게 하는 짓이다.
그대 이야기의 적절한 범위를 설정하라.
시작은 간결해야 하고 허식이 없어야 한다.

---

64 홍해가 양쪽으로 갈라졌을 때 드러난 바닷물의 단면을 뜻한다.

65 생타망의 《구출된 모세 *Moïse sauvé*》의 한 구절을 부알로가 변형시켜 인용하고 있다. 생타망의 원문은 다음과 같다. "Là l'Enfant s'esveille courant sous la licence/ Que permet à son âge une libre innocence,/ Va, revient, tourne, saute, et par maint cry joyeux,/ Témoignant le plaisir que reçoivent ses yeux,/ D'un estrange caillou qu' à ses pieds il rencontre,/ Fait au premier venu la precieuse montre,/ Ramasse une coquille, et d'aise transporté,/ La presente à sa Mere avec naïveté(*L'Art poétique*, Société Les Belles Lettres, 1967, p.291에서 재인용).

처음부터, 페가수스에 올라타 천지를 뒤흔드는 목소리로
"지상地上의 정복자 중의 정복자를 노래하노라"[66]고
독자에게 외치지 말라.
그렇게 소리를 있는 대로 지른 후에, 무엇을 써낼 것인가?
산이 들썩이너니 생쥐 한 마리 나오는 격[67]이다.
오! 그보다는 오히려 처음에 거창한 전조 없이
"나는 저 경건한 사람과 그의 전투를 노래하니,
그는 프리지아 해변에서, 아우소니아로 인도되어,
최초로, 라우이니움의 들판에 다다랐던 것이다"[68]라고
편안하고 부드럽고, 소박하며, 조화로운 어조로 말하는,
이런 기막힌 솜씨의 작가가 얼마나 더 훌륭한가!
그의 뮤즈는 도입부터 모든 것을 불사르지 않으며
기약은 거의 하지 않지만 결국 많은 것을 내어준다.
곧이어 당신은, 그의 뮤즈가 거듭 기적을 행하여

---

66 조르주 드 스퀴데리의 작품, 《알라리크 혹은 함락된 로마》의 첫 행을 인용했다.

67 크게 떠벌리기만 하고 실제 결과는 보잘것없음을 비유하는 말이다.

68 베르길리우스. 이어지는 인용시는 베르길리우스의 《아이네이스》 서두 부분이다. 부알로에 앞서, 라팽Rapin 사제가 1669년에 출판된 《호메로스와 베르길리우스에 관한 고찰*Observations sur Homère et Virgile*》에서 "《아이네이스》의 시작이 더 소박하고, 더 자연스럽다"고 찬사한 바 있다.

라틴족의 운명에 관한 신탁을 알리며,
스틱스강과 아케론강의 검은 급류를, 그리고
어느 새 엘루시아[69]를 떠도는 로마 황제들의 묘사를 볼 것이다.
　수많은 문채文彩로 그대의 작품에 재미를 주어라.
〔작품에서는〕 모든 것이 유쾌한 이미지를 주어야 한다.
장엄하면서도 동시에 즐거울 수 있으니
나는 지루하고 둔중한 숭고함을 싫어한다.
차라리 아리오스트와 그의 웃음을 주는 이야기가
늘 차갑고 우울한 저 작가들보다 낫다.
행여 그라티아에[70]가 이 작가들의 이맛살을 펴 줄 양이면,
그들은 음울한 기질 탓에 모욕을 받는다고 여길 것이다.
　자연의 가르침을 받은 호메로스가
즐거움을 주기 위해 베누스에게서 허리띠를 가져간 것 같다.
그의 책은 풍성한 매력의 보고寶庫다.
그가 손댄 모든 것은 황금으로 변한다.
모든 것은 그의 손안에서 새로운 멋을 얻는다.

---

69 그리스와 라틴 신화에서, 영웅과 덕망 있는 사람들의 영혼이 머무는 지하세계.

70 카리테스Charites의 라틴어 이름. 뮤즈들과 함께 올림포스산에 살면서 자연과 인간의 마음, 그리고 신의 마음에까지 기쁨을 전했다. 음악의 신인 아폴론을 수행했고, 뮤즈들과 함께 이따금 코러스를 형성하기도 한 그들은 대개 세 자매로 묘사된다(2가 11번 주 참조).

도처에서 그는 즐거움을 주니, 결코 지루하게 하는 법이 없다.
적당한 열기가 그의 말을 살아 숨 쉬게 한다.
그는 지나치게 멀리 우회하느라 길을 헤매는 법이 없다.
그의 시구에서 방법론적 순서를 따르지 않더라도
주제가 스스로 정돈되어 전개된다.
거기서는 따로 준비하지 않아도 모든 것이 쉽게 마련된다.
각 시구, 각 단어는 결말로 내닫는다.
그러므로 그의 글을 사랑하라, 그것도 진지한 사랑으로.
그것을 즐길 줄 안다면, 이미 무언가를 얻은 셈이다.

내부의 모든 것이 순조롭고 일관성 있게 짜인 탁월한 시는
변덕이 만들어 내는 그런 작업물들과는 다르다.
그것은 시간과 정성을 요한다. 그 같은 노작勞作이
어느 학동의 습작물인 경우는 없었다.
그런데 흔히 우리들 가운데 시법을 모르는 시인[71]이 있어,
간혹 굉장한 불길이 어쩌다 그를 달아오르게 해,
그는 헛된 자만으로 제 공상을 부풀리고,
우쭐거리며 승리의 트럼펫을 손에 든다.
상궤를 벗어난 그의 뮤즈는 제멋대로인 시구에서
도약해 보아야 제자리 뛰기일 뿐이며

71 데마레 드 생소를랭을 가리킨다.

그의 불꽃은 양식良識과 독서가 없어
걸음을 뗄 때마다 영양실조로 사그라든다.
그러나 대중이 지체 없이 그를 경멸하여
재능이 있다고 착각하는 그를 각성시키려 하지만 소용없다.
그는 자신의 빈약한 재주를 자화자찬하여,
남들은 줄 생각조차 않는 찬사를 스스로에게 바친다.
베르길리우스는 자신에 비하면 창의력이 전혀 없고,
호메로스는 고귀한 허구를 전혀 이해하지 못한다.[72]
우리 시대가 이런 판결에 거역하면,
그는 즉시 후대에 호소한다.
그러나, 그의 작품들은 분별력이 이곳으로 되돌아와
햇빛 아래 당당히 모셔 줄 날을 기다리며,
그의 책 더미는 가게 뒤쪽 빛이 닿지 않는 곳에 수북이 쌓여
벌레와 먼지를 상대로 처량하게 전투를 벌이고 있다.
그러하니, 저들끼리 조용히 싸우도록 가만히 내버려두고,
우리는 옆길로 새지 말고 우리 이야기를 계속하자.
비극 공연의 성공적인 결과에 이어

---

72 데마레가 《프랑스의 시와 언어를 그리스 · 로마의 시와 언어와 비교하기 *Comparaison de la langue et de la poésie françaises avec la langue et la poésie grecques et latines*》에서 베르길리우스와 호메로스를 평가한 대목을 직접 인용하며 비웃고 있다.

아테네에서 고대 희극이 탄생했다.
태생이 놀리기를 좋아하는 그리스인은 그 희극 속에서
수많은 농담을 통해 비방의 독毒을 뿜어냈다.
광대적 즐거움으로 촉발되는 무례한 감정의 과잉에
지혜와 징신, 그리고 녕예가 희생양이 되었다.
사람들은, 대중에게 잘 알려진 한 시인이
다른 시인의 재능을 제물 삼아 돈을 버는 것을 보았다.73
그리고 소크라테스가 이 시인으로 인해 구름의 코러스74 속에서
한 무리 천한 군중의 야유를 받는 장면도 보았다.
결국 이 방종의 흐름은 저지되었다.
집정관은 법의 힘을 빌렸고
법령으로 시인들을 자제케 하여
이름과 얼굴을 명시하지 못하도록 하였다.

---

73 주석가들은 이 시구가 아리스토파네스와 에우리피데스 사이에서 일어났던 일을 떠올리게 한다고 의견을 모은다. 에우리피데스의 서거 1년 후인 기원전 405년, 그와 극심한 적대 관계에 있던 아리스토파네스는 희극《개구리들》을 무대에 올렸다. 이 연극의 도입부에서 에우리피데스는 그 죽음이 디오니소스마저 슬프게 할 정도의 위대한 비극작가로 그려지지만, 극이 진행되면서 지나치게 감상적이고 우스꽝스러운 인물로 묘사된다.

74 아리스토파네스의《구름》에는 동시대인 소크라테스가 실명으로 등장하며 희화화되어 있다.

연극에서는 예전의 격렬함이 사라졌다.
희극은 신랄하지 않으면서도 웃길 줄 알았고
악의에 찬 비난이나 독설 없이도 꾸짖고 훈계할 줄 알았으며
메난드로스[75]의 작품에 와서는 상처를 주지 않고도 즐거움을 선사했다.
이 새로운 거울 속에 절묘하게 그려진 사람들 중
혹자는 기꺼이 자기 모습을 보고 혹자는 자기 모습은 아니라고 생각했다.
전자의 경우 한 수전노는 자기가 모델이 되곤 했던
수전노의 충실한 묘사를 보며 웃었다.
반면 어떤 불출不出은 수천 번 세세하게 묘사되었음에도
자신을 그린 그 인물을 알아보지 못했다.

그러니 희극의 영광을 갈망하는 작가들이여
시인은 자신의 시에서 자연을 모방해야 한다.
인간을 제대로 보는, 게다가 심오한 정신을 지닌 이라면 누구나
드러나지 않는 수많은 마음들의 깊은 곳을 파고들었으니
방탕아, 수전노, 오네톰, 불출, 질투쟁이, 기인奇人 등이
어떤 사람들인지를 잘 아는 작가는
그들을 적절한 장면에 펼쳐 보일 수 있고
우리 눈앞에서 그들이 살아 움직이며 말하게 할 수 있다.
곳곳에 그들의 이미지를 있는 그대로 보여 주어라.

---

75 Menandros.

거기서 모든 인물들을 생생한 색채로 그리라.
기묘한 초상들로 가득 찬 자연은
각기 다른 모습으로 매 영혼에 새겨진다.
몸짓 하나로도 자연은 드러나며 별것 아닌 것으로도 자연은 나타난다.
그러나 모든 정신이 자연을 알아볼 수 있는 눈을 지닌 것은 아니다.
　시간은 모든 것을 바꾸고 우리의 기질도 바꾼다.
세대마다 나름의 즐거움과 정신, 그리고 습성이 있다.
　항상 변덕이 죽 끓듯 하는 젊은이는
악덕의 영향을 쉽게 받아
말은 헛되고 욕망에 나풀거리며
비판은 안 듣고 쾌락에는 미친다.
　좀 더 나이가 들어 어른이 되면 보다 분별력 있는 태도를 취하고
높은 이들 곁에서 〔출세를 위해〕 동분서주하고 몸을 사리며
운명의 충격에도 버틸 생각을 하고
현재 속에서 멀리 미래를 바라본다.
　슬픈 노년은 끊임없이 돈을 모아
쌓인 재산을 움켜쥐지만 결국 자신을 위한 것이 되지 못하며
모든 일에 있어 느리고 뻣뻣한 행보를 취한다.
항상 현재를 불평하고 과거를 자랑하며
젊은이들이 즐기는 쾌락을 감당 못해
그 감미로움을 비난하나 사실은 나이가 그것을 거부할 뿐이다.

생각 없이, 그대의 배우를 제멋대로 말하게 하여
늙은이를 젊은이처럼, 젊은이를 늙은이처럼 만들지 말라.
궁정을 연구하고 도시[76]를 파악하라.
두 곳 모두 늘 모델로 가득하기 때문이다.
그렇게 했더라면 몰리에르는 자신의 작품 가치를 드높여
자기 분야에서 최고가 되었으리라.
그가 박식함이 배어 있는 묘사에서 서민과 좀 더 거리를 두어
인물들을 과장되게 그리는 일이 잦지 않았더라면,
광대 짓을 위해 유쾌함과 정묘함을 저버리는 일은 없었더라면,
부끄러운 줄 모르고 타바랭을 테렌티우스에게 연결하지
않았더라면 말이다.[77]
스카팽이 뒤집어쓴 그 우스꽝스러운 자루에서
나는 더 이상《인간혐오자》의 작가를 알아보지 못했다.
희극은 탄식이나 눈물과는 상극이니
시구 속에 비극의 고통을 결코 받아들이지 않는다.
그렇다고 희극의 역할이 거리로 나가

76 루이 14세 시대 프랑스에서 '궁정la Cour'은 베르사유의 귀족 사회를 칭하는 말이었고, 이에 대비되는 '도시la Ville'는 파리의 사교계나 부르주아 사회를 의미했다.

77 여기서 타바랭은 질 낮은 희극 작가를, 그리고 테렌티우스는 진정한 희극 작가를 상징한다.

패설悖說이나 음담으로 하층민을 유혹하는 것은 아니다.
희극 배우들은 고상하게 웃겨야 한다.
희극은 잘 짜여 쉽게 풀려야 한다.
극행동은 이성이 이끄는 곳으로 가야 하며
불필요한 장면에서 길을 잃지 말아야 한다.
희극의 소박하고 부드러운 문체는 필요할 때 강화되어야 하며
재치 있는 말들로 풍부한 대사는
정념들로 채우되 그 정념은 정밀하게 다루어야 한다.
또한 장면 장면은 서로 연결되어야 한다.
양식良識을 희생시키면서 웃기려 하지 마라.
결코 자연으로부터 멀어져서는 안 된다.
테렌티우스의 극에서 아버지가 어떻게
사랑에 빠진 아들의 경솔함을 꾸짖는지를 잘 살펴보라.
또 그 아들이 어떤 태도로 아버지의 훈계를 듣고 난 후
애인에게 달려가 그 잔소리를 잊는지를 살펴보라.[78]
등장인물은 단순한 초상이, 그러니까 단지 겉모습이 비슷한 인물이 아니라
한 애인이며 한 아들이고 진짜 아버지다.
원컨대 연극에서 작가가

78 테렌티우스의 희극《헤우톤티모루메노스*Heautontimoroumenos*》의 내용이다.

스스로 명예를 실추시키지 않으면서
이성만으로 호감을 사고 그 이성을 거스르지 않기를.
그러나 사이비 익살꾼은 조잡한 말장난으로 웃기려 하나
추잡하기만 하니
원한다면 가서 가설무대에 올라
싱거운 농담으로 퐁네프를 웃기면서
모여 있는 하인들 앞에서 광대놀음을 하러 가시기를.

제4가

L'Art
poétique

Nicolas
Boileau-Despréaux

예전 피렌체에 의사[1]가 하나 있었는데,
허풍쟁이 학자이자, 이름난 살인자[2]로 알려져 있었다.
그 단 한 사람이 그곳에서 오랫동안 사람들을 괴롭혔다.
한쪽에서는 그 때문에 고아가 된 아이가 아버지가 되어 달라 하고,
한쪽에서는 그가 처방한 약물로 죽은 형 때문에 동생이 운다.

---

1 클로드 페로(Claude Perrault, 1613~1688년)를 가리킨다. 그는 의학을 공부했고 과학아카데미에 소속되어 있었다. 건축에도 관심을 가져 1664년 루브르의 주랑을 설계했고, 옛 로마의 건축사인 비트루비우스의 저작《건축술에 관하여 *De Architectura*》를 번역하기도 했다.

부알로는 어린 시절 환자로서 페로와 인연을 맺은 후, 평생 그와 관계가 좋지 않았다. 부알로의 말에 따르면, 클로드 페로에 대한 악감정의 시작은 병약했던 어린 시절로 거슬러 올라간다. 그는《비판적 성찰》에서 클로드 페로에 대해 다음과 같이 회상한다.

"그는 내 맥박을 짚어 보더니 열이 있다고 했다. 그러나 나는 분명히 열이 전혀 없었다. 그럼에도 불구하고 그는 내게 발에서 피를 뽑으라고 권했다. 그것은 내가 위협받고 있던 천식에는 상당히 이상한 치료법이었다. 그런데도 나는 상당히 정신이 나가서 바로 그날 저녁이 되자마자 그의 처방을 따랐다. 그 결과 호흡곤란은 조금도 나아지지 않았고, 다음 날 잘못 걸어 발이 부어서 3주간 침대에 누워 있었다. 이것이 언젠가 그가 내게 행한 치료의 전부이다. 나는 저세상에서 그를 용서해 달라고 신께 간청한다."

부알로는 여기서, 평범한 작가는 유용함을 줄 수도, 즐거움을 줄 수도 없으므로 자신의 타고난 소질을 잘 파악해야 한다는 말을 하기 위해, 의사로서 자질이 없는 클로드 페로를 예로 들고 있다.

2 클로드 페로의 형편없는 의술을 풍자하기 위한 표현이다.

한 주검은 사혈로 피가 말랐고, 또 다른 주검은 하제로 가득 차 있다.[3]
감기는 그가 나타나면 늑막염으로 변하고,
편두통은 그를 거치면 바로 광증狂症이 된다.
그는, 결국 사방에서 미움을 사고 그 도시를 떠난다.
친구들은 모두 죽고 남아 있던 한 친구가
자기 집으로 그를 데려갔는데 멋진 집이었다.
친구는 부유한 사제였고 건축술에 미쳐 있는 사람이었다.
의사는 건축술을 마주하자 다시 살아나
건물에 대해 망사르[4]인 양 말을 했다.
그는 높게 지어 올린 살롱[5]의 정면을 흠잡는다.
어두운 현관의 위치를 다시 정해 주었고
계단의 배치를 다시 하라 제안했다.
친구인 사제는 그 제안을 받아들여 석공에게 통보했다.

---

3 사혈瀉血과 하제下劑는 그 당시 의사들이 환자들을 치료하기 위해 거의 모든 증상에 적용하던 치료방법이자 약물이었다. 몰리에르의 마지막 희극《상상환자》는 주인공 아르강이 하루에도 열두 번의 관장과 사혈을 했다며 그 비용을 계산하는 장면으로 시작된다.

4 프랑수아 망사르(François Mansart, 1598~1666년)는 프랑스의 건축가로, 많은 개인 저택과 종교 기념물들을 지었고, 파리의 발드그라스 수도원을 설계하는 등 많은 업적을 남겼다.

5 salon. 아주 높게 지어진 커다란 홀로, 천장은 궁륭으로 덮여 있다. 이탈리아에서 건너온 이 양식은 그 당시만 해도 보기 드문 것이었다.

석공이 와 그 말을 듣고 인정하며 지시대로 수정했다.
자, 이토록 재미있고 별난 이야기의 결론은,
우리의 살인자는 자신의 잔인무도한 의술을 포기하고,
이제부터는 손에 대자와 삼각자를 들고,
갈레노스[6]의 못 믿을 학문은 제쳐 두고,
형편없는 의사에서 유능한 건축가 되었다.

이 의사의 예는 우리에게 훌륭한 교훈을 준다.
재능이 그쪽이라면 차라리 석공이 되라.
자기색 없는 작가나 진부한 시인이 되기보다는
필수 기술 분야에서 인정받는 노동자가 되어라.
시작詩作 외에 다른 기술에는 다양한 수준이 있고
이류가 되는 것도 충분히 명예롭다.
그러나 운을 맞추고 글을 쓰는 위험한 기술에서는
중간에서 최악에 이르는 수준은 없다.
무미건조한 작가란 혐오스러운 작가를 이른다.
부아예나 팽셴이나 독자에게는 마찬가지인 것이다.
사람들은 더 이상 랑팔과 메나르디에르를
마농, 뒤 수에, 코르뱅, 라 모를리에르보다 더 안 읽는다.

6 클라우디오스 갈레노스(Claudius Galenus, 129~199년경)는 2세기 그리스 의사로, 유럽 의학은 17세기까지 그의 영향에서 벗어나지 못했다.

미친 자는 적어도 우리를 웃기고 즐겁게 할 수 있지만
무미건조한 작가는 지겹게만 할 뿐이다.
베르주라크[7]의 대담한 뷔를레스크가
불안불안하다 아연실색케 하는 모탱[8]의 시보다는 낫다.
　아무 때나 경이롭다고 외쳐대는
허망한 찬미자 무리들이 가끔 당신에게 보내는
입에 발린 찬사엔 절대 취하지 말라.
그런 글은 낭송될 때는 그럴듯하게 들려도
세상에 인쇄되어 나오면
사람들의 예리한 시선을 견디지 못한다.
우리는 수많은 작가들의 비극적 운명을 알고 있으니
그토록 찬사받던 공보[9]마저 아직 책방을 지키고 있다.
　모든 사람에게 귀를 열어라. 그들은 성실한 조언자이니,
어리석은 자도 가끔은 중요한 충고를 한다.
아폴로 신이 당신에게 불어넣어 준 시구 몇 줄을
아무데서나 읽어 주려고 뛰어다니지 말라.
저 미친 엉터리 시인[10] 흉내는 내지 말라.

7　시라노 드 베르주라크(Cyrano de Bergerac, 1619~1655년).

8　피에르 모탱(Pierre Motin, 1566~1612년).

9　장 오지에 드 공보(Jean Ogier de Gombauld, 1576~1666년).

자신의 쓸모없는 글 조각을 몇 부러 읽어 주는 그는
자기에게 인사하면 아무에게나 다가가 시를 낭독하고
지나는 사람들을 시를 들고 쫓아다닌다.
그의 뮤즈로부터 안전한 장소가 될 만큼
그렇게 성스럽고 천사의 수호를 받는 신전은 없다.
　이미 이야기했듯이 비판받는 것을 기꺼워하라.
그리고 투덜대지 말고 이성에 순응해서 수정하라.
그러나 어떤 얼간이가 비난한다고 바로 물러서진 마라.
　종종 무지하지만 날카로운 자가 오만스럽게
가당치 않은 반감을 드러내며 작품 전체에 저항하고
진정 아름다운 시구의 고상한 대담성을 비난한다.
그의 말도 안 되는 논리를 논박해도 소용없다.
그의 정신은 자신의 잘못된 판단 속에서 만족한다.
그리고 명철함이 결여된 그의 얄팍한 이성은
어떤 것도 그의 어리석은 시각을 벗어나지 못한다고 생각한다.
그의 충고는 경계해야 한다. 그대가 그 충고를 따른다면
암초를 피해간다 생각하겠지만 익사하기 십상이다.
　믿음직하고 도움이 될 수 있는 비평가를 선택하라.

---

10 브로세트는 이 시인이 프랑스 남부 엑상프로방스에서 활동한 샤를 뒤 페리에 Charles du Périer를 암시한 것이라고 본다.

이성으로 인도되고 지식으로 명철해진
그 비평가의 분명하고 확실한 연필은
그대가 취약하다 느끼는 곳, 감추고 싶은 곳을 찾아간다.
오직 그만이 그대의 우스꽝스런 의구심을 풀어 줄 것이고
주저하는 그대 마음의 불안을 제거해 줄 것이다.
비평가는 이렇게 말할 것이다. "다행스런 열정 덕에,
이따금 대담한 정신이, 작업 도중에,
시작법의 지나치게 얽어매는 규칙들을 벗어나고,
시작법의 한계를 뛰어넘음을 수 있음을 배울 수 있다"고.
하지만 이런 완벽한 비평가는 드물다.
혹자는 운을 맞추는 데는 뛰어나나 판단이 어리석다.
혹자는 자신의 시로 도시에서는 두각을 나타냈으나
루카누스와 베르길리우스를 결코 구분하지 못했다.[11]
　작가들이여, 내 가르침에 귀를 기울여라.
그대들의 그 많은 허구들이 사랑받기를 원하는가?

---

11 코르네유를 겨냥한 말이라는 견해가 있다. 코르네유는 17세기 후반에 높이 평가된 베르길리우스보다 17세기 전반에 평가된 루카누스를 선호했다. 루카누스는 세네카의 조카로 스페인 코르도바 출신이며, 21세에 계관시인이 되었다. 피소의 네로 암살 음모에 가담했다가 발각되어 자살 명령을 받았다. 주요 작품으로《파르살리아》로 알려진 서사시《내란기》가 있다. 17세기에 그는 제대로 평가받지 못했으나, 코르네유는 그를 존경했다.

내 학술적 가르침과 더불어 그대의 풍만한 뮤즈가
작품 곳곳에서, 재미에 건전함과 유용함을 더하게 하라.
분별 있는 독자는 헛된 오락을 멀리하고
재미 속에서 유익을 찾고자 한다.
　작품 속에 그려지는 그대의 영혼과 성정은
반드시 고상한 형태로 드러나야 한다.
내가 높이 평가할 수 없는 위험천만한 작가들이 있으니
그들은 시를 쓰며 명예를 저버린 비열한 자들로
죄를 가득 채운 지면에서 덕을 배신하고
그 악덕을 독자들 눈에 사랑스럽게 보이게 한다.
　하지만 나는 저 침울한 정신들[12]과는 다르다.
저들은 모든 정숙한 글에서 사랑을 몰아내고
무대에서 그토록 풍부한 장식을 제거하려 하며,
로드리그와 시멘[13]을 풍기문란자[14]로 간주한다.

---

12 장세니스트들을 지칭한다. 장세니스트들에게 호의를 표명했음에도 불구하고 부알로는 이들의 편협한 문학관을 경계하고 있다.

13 코르네유의《르 시드》에 등장하는 젊은 연인들. 1637년 이 극의 상연 당시 아버지를 살해한 자를 집에서 맞아들이고, 국가의 영웅이 된 그와 결혼하라는 왕의 권유를 물리치지 못한 시멘의 태도는 '진실다움'과 '예법'의 이름으로 이론가들에 의해 격렬히 비난받는다. 코르네유 역시 1660년 판에서 결혼의 정당성에 의문을 제기하는 시멘의 항변에 무게를 두면서 이들의 견해를 어느 정

아무리 정당하지 않은 사랑이라도 정숙하게만 표현되면
우리에게 어떤 수치심도 불러일으키지 않는다.
디도가 탄식하며, 온갖 매력을 내게 펼쳐 보여도 부질없으니
나는 그녀와 눈물은 같이 나누지만 그녀는 유죄다.[15]
덕이 있는 작가는 자신의 무구한 시구에서

도 수용한다. 부알로는 상연 당시 많은 관객의 감동을 불러일으킨 두 연인의 사랑을 장세니스트들이 준엄한 도덕적 잣대로 평가하리라고 보았다.

14 1665년 12월 31일부터 1666년 4월 말까지 장세니스트 피에르 니콜Pierre Nicole은 데마레 드 생소를랭을 겨냥하는 여덟 편의 편지를 발표한다. 《망상가들 혹은 상상의 이단에 대한 편지 제2부*Visionnaires ou seconde partie des Lettres sur l'hérésie imaginaire*》라는 제목으로 1667년 출판된 이 편지에서 그는 극작가와 연극을 격렬히 비난했다. 첫 편지에서 그는 다음과 같이 썼다. "Un faiseur de romans et un poète de théâtre est un empoisonneur public, non des corps, mais des âmes des fidèles"(*Œuvres Complètes de Racine*, Paul Mesnard (éd.), Hachette, coll. Les Grands Écrivains de la France, t. IV, 1886; p.260). 이에 라신은 니콜에게 보낸 서간에서, 일반 대중이 누릴 수 있는 즐거움을 내세워 포르루아얄의 사부들을 공격하며 극작가의 지위와 위상을 옹호한다. 부알로는 전원극《망상가들*Les Visionnaires*》의 저자 데마레 드 생소를랭에 대해 장세니스트 니콜이 쓴 용어를 그대로 차용했다. 프랑스어 'empoisonneur'는 '독살자'를 뜻하지만, 풍속에 심각한 악영향을 끼치는 '풍기문란자'라는 의미로도 쓰인다.

15 베르길리우스의 《아이네이스》의 〈네 번째 노래〉에서 아이네이스는 카르타고의 여왕 디도와 사랑에 빠져 자신의 사명을 잊는다. 그러나 신의 경고를 들은 그는 자신을 사랑하는 디도의 애원과 원망을 멀리하며 그녀를 떠난다.

감수성을 자극하면서도 마음을 타락시키지 않는다.
불타는 사랑은 죄가 되는 정념의 불을 지피지 않는다.
그러니 덕을 사랑하고 덕으로 영혼을 살찌우라.
정신이 고귀한 기운으로만 충만해도 허사이니
시구에는 늘 마음의 비천함이 느껴진나.
　멀리하라, 특히 범속하며 사악하고
광기 어린 정신이 불러오는 그 천박한 질투심을.
숭고한 작가는 그런 것에 오염되지 않는다.
그것은 범속함에 따라붙는 악이기 때문이다.
눈부신 재능에 맞서는 이 가련한 경쟁자는
대귀족을 찾아가 숭고한 작가를 끊임없이 비방하고,
까치발을 들어 헛되이 기를 쓰며
숭고한 작가와 어깨를 나란히 해 그를 깎아내리려 든다.
결코 그런 비열한 음모에 떨어지지 말고,
부끄러운 술책을 부리며 명예를 바라지 말라.
　시가 당신이 늘상 매달리는 일이 되지 않게 하라.
친구를 만들고, 신념 있는 사람이 되라.
책 속에서 유쾌하고 매력적인 것은 대단한 게 아니다.
실제로 삶에서 대화할 줄 알고, 처세할 줄 알아야 한다.
　영예를 위해 일하라. 그리하여 비열한 이득이 절대
빛나는 작가의 목표가 되지 않게 하라.

고귀한 정신의 소유자라면 부끄럽지 않게, 죄를 짓지 않고도
자신의 작업에서 합당한 보수를 받을 수 있음을 나는 안다.
하지만 영광에는 관심 없고, 돈에 굶주려,
자신들의 아폴로를 서적상에게 저당 잡히고,
신성한 시작법을 돈벌이 수단으로 삼는,
그 알려진 작가들을 나는 참아 낼 수 없다.
　이성이 언어를 통해 설명하며
사람을 교육하고, 법을 가르치기 이전에,
모든 인간은 거친 자연을 따랐고,
숲속에 흩어져 먹이를 찾아다녔다.
힘이 정의와 공정을 대신하였으므로
살인이 자행되어도 처벌은 없었다.
그러나 마침내 언어의 탁월한 조화로움이
그런 야만스런 풍속의 거칢을 다듬었고
삼림 속에 흩어져 있던 사람들을 모아
담을 쌓고 성벽을 둘러 도시를 건설했으며
형벌을 제시해 방약무인傍若無人이 겁먹게 하고
무고한 약자를 법의 보호하에 두었다.
이 같은 질서는 초창기 시의 결실이었다고 한다.
이로부터 세상에 떠도는 다음과 같은 이야기가 생겨났으니,
트라케[16]의 산들을 가득 채운 오르페우스의 노랫가락에 유순해진

호랑이들이 포악함을 벗어 버렸고,
암피온[17]이 연주하는 화음에, 돌들이 움직여,
테바이의 성벽 위에 질서정연하게 쌓였다.
말의 조화가 생겨나면서 이런 기적들이 일어났다.
그 후로 하늘은 신탁을 시구로 발하게 하고,
경외에 떠는 신관의 가슴을 통해
아폴로는 자신의 분노를 시로 발산했다.
곧이어 호메로스는 옛 시대의 영웅들을 부활시켜
용기를 북돋아 혁혁한 무훈을 세우게 했고,
다음에는 헤시오도스[18]가 와서 유용한 교훈으로

---

16 유럽 동남쪽에 위치한 고대 지명. 시대에 따라 트라케로 지칭되는 곳의 지정학적 위치는 달랐지만, 그리스인들은 대체로 발칸반도 동쪽 전역을 트라케라 불렀다.

17 제우스와 안티오페의 아들로 전설적 시인이자 음악가. 그에게는 제토스라는 쌍둥이 형제가 있었는데, 둘은 서로 다른 기예에 심취했다. 제토스는 격투, 농사, 목축과 같은 거친 기예에 재능을 보였고, 암피온은 헤르메스로부터 리라(칠현금)를 선물받은 뒤 음악에 열중했다. 그들의 어머니 안티오페는 삼촌 라이코스의 포로였고, 그녀의 아름다움을 시기한 라이코스의 아내 디르케는 안티오페를 노예처럼 다뤘다. 이에 분노한 암피온과 제토스는 어머니를 위해 잔인한 복수를 감행한 후, 라이코스를 대신해 테바이를 통치하며 도시를 성벽으로 둘러쳤다. 이때 제토스는 등에 돌을 지고 날랐지만, 암피온은 리라의 곡조로 돌들을 유인했다.

18 헤시오도스(Hēsíodos)는 기원전 8~7세기에 활동한 그리스 시인이다. 《일과 나날 *les Travaux et les Jours*》에서 노동 travail을 찬양했으며, 도덕과 농업에 관한 실질적인 교훈을 담은 교육적 성격의 시를 썼다.

너무 나태한 들판의 수확을 재촉했다.
수많은 명문名文에 적힌 지혜[19]가
시를 통해 사람들에게 알려졌고[20]
도처에서 정신을 사로잡은 교훈들이
귀를 통해 마음으로 들어왔다.
시인에게 많은 혜택을 베풀어 숭배받는 뮤즈들은
고대 그리스에서 그에 합당한 찬사를 받았다.
그리고 그들의 시법은 인간의 경배를 이끌어내
도처에 영광을 기리는 제단이 세워지는 걸 보았다.
그러나 결국 빈곤함이 천박함을 이끌고
파르나스는 본래 가지고 있던 최초의 고귀함을 잊었다.
돈에 대한 비루한 사랑이 정신들을 타락시켜
모든 글을 조잡한 거짓말[21]로 더럽혔고
또한 사방에서 시답지 않은 것들을 수없이 써내
글을 거래하여 이득을 챙기고 언어를 내다팔았다.
　그런 천한 짓을 하며 스스로 탈진하지 마라.
만일 그대에게 물리칠 수 없는 유혹이 황금뿐이라면

19 기원전 6세기경의 격언적 시의 형식으로, 도덕 원칙을 시로 엮은 모음집이다.
20 프로타고라스의 철학 논문을 비롯해 많은 논문들이 시 형식으로 작성되었다.
21 비굴한 아첨.

페르메시오스강[22]이 흐르는 이 매력적인 곳을 떠나라.
부富가 있는 곳은 이 강가가 아니다.
진정 위대한 전사에게 그러하듯이 진정 박식한 작가에게도
아폴로는 단지 명성과 월계관만을 약속했을 뿐이다.
　혹자는 말할 것이다. "뭐라고요!
기근으로 굶주린 뮤즈가 꿈을 먹고 살 수는 없습니다!
사람을 성가시게 하는 허기에 짓눌려
저녁이면 빈 창자가 요동치는 소리를 듣는 작가가
헬리콘산[23]에서 감미로운 산책을 즐길 수는 없는 것이지요!
호라티우스는 마이나스[24]들을 볼 때 양껏 마셨고
콜테[25]를 괴롭혔던 그 근심으로부터 자유로웠던 그는

---

22 그리스 북부 보이오티아Boiotia 지역의 작은 강. 헬리콘산에서 발원하여 코린트만으로 유입된다. 신화에 따르면, 페가수스가 헬리콘산에서 뒷발질로 파 놓은 히포크레네샘 주변에서 뮤즈들이 모여 춤추기를 즐겼으며, 그 샘에서 솟아 흐르는 이 강물은 시인들에게 영감을 준다고 한다.

23 헬리콘산은 파르나소스산이 있는 헬리콘산맥에 실재하는 산이다.

24 디오니소스 축제 때 그 행렬을 호위하는 여사제들로 광적인 의례를 치른다.

25 기욤 콜테(Guillaume Colletet, 1598~1659년)는 가상디, 라모트 르 바이에 등의 자유사상가들과 친분이 두터웠던 시인으로, 자신의 하녀들과 세 차례 결혼했고 항상 술에 취해 살았던 것으로 전해진다. 부유한 가정에서 태어났지만, 무절제한 생활로 재산을 탕진하고 파리 외곽에서 비참한 삶을 살았다. 말년에 리슐리외가 아카데미를 창립하면서 회원으로 영입되었다.

밥벌이를 위해 소네트 한 편이 성공하기를 기다리지는 않았습니다!"
　맞는 말이다. 그러나 이제 그런 끔찍한 불행이
우리 파르나스를 절망케 하는 일은 드물다.
그리고 우리 시대에 무엇을 두려워하랴?
아름다운 예술은 언제나 행운의 별의 시선을 받고
명철하신 군주의 탁견 덕에
어디서든 궁핍함을 모르고 지낼 수 있는 이 시대에.
　뮤즈들이여, 그대의 모든 자식〔시인〕들에게 왕의 영광을 가르쳐라.
시인에게는 그대의 모든 가르침보다 왕의 이름이 더 가치 있다.
코르네유는 왕을 위해 자신의 대담함을 되살려
다시금 《르 시드》와 《오라스》의 코르네유가 되어라.[26]
라신은 새 걸작을 만들 때
주연 인물들을 그려 내며 모두 왕을 모델로 하라.[27]

---

26 《티트와 베레니스 *Tite et Bérénice*》(1670년), 《퓔셰리 *Pulchérie*》(1672년)가 실패로 끝난 후, 코르네유는 1674년 《쉬레나 Suréna》 공연을 끝으로 연극에서 손을 뗐다. 왕이 분쟁을 조정하는 《르 시드》나 국가에 공헌한 사람을 왕이 관용으로 사면하는 《오라스》와 같이 성공한 초기 작품과 달리, 프롱드의 난 이후 국가에 비판적인 시각을 갖게 된 코르네유는 후기 작품에서 영웅으로 대접받지 못하는 인물이나 왕도 부정적으로 그렸다. 부알로는 은연중에 이러한 코르네유를 비난하고 있다.

27 라신은 이 무렵 《이피제니 *Iphigénie*》 공연을 막 끝냈다.

미녀들이 입을 모아 노래하는 그 왕의 이름으로
방세라드[28]는 도처에 있는 규방[29]들을 기쁘게 하라.
세그레[30]는 목가牧歌에서 왕의 이름으로 숲에 마법을 걸어라.
경구警句[31]는 모든 칼날을 왕을 위해 갈아라.
그런데 어느 행복한 작가가 또 하나의 《아이네이스》에서
공포에 질린 라인강으로 이 르시드[32]를 이끌 것인가?
어느 박식한 리라[33]가 왕의 무훈담으로

---

28 이자크 드 뱅스라드〔Issac de Benserade(Bensserade), 1612~1691년〕는 연애시인으로, 유명한 소네트 〈욥*Job*〉과 〈론도로 쓴 오비디우스의 변신 *Métamorphoses d'Ovide en rondeaux*〉을 지었다. 그 밖에 비극, 희극, 궁정축제를 위한 많은 여흥 작품들을 지었다. 특히, 왕의 발레를 위한 시를 짓는 데 뛰어났다고 전해진다.

29 Alcove. 본래 건물 사이의 좁은 골목길을 뜻하는 이 단어는, 침실에서 두 침대 사이나 침대와 벽 사이의 공간을 의미하기도 했다. 17세기에는 지식과 예술에 목말랐던 귀족 여인들이 이른바 재사bel esprit라는 지식인이나 문인들을 초청해 크고 작은 지적 활동을 펼쳤는데, 그 활동이 주로 이 공간에서 이루어졌기 때문에 문학 살롱이 열리는 장소라는 의미를 갖게 되었다.

30 장 레뇨 드 세그레(Jean Regnault de Segrais, 1624~1701년)는 전원시 작가이다.

31 제2가 103행 참조.

32 헤라클레스의 또 다른 이름. 당시에는 루이 14세를 르시드나 알렉산더 대왕 등에 자주 비유했다. 르시드나 헤라클레스는 《아이네이스》의 주인공이 아니지만, 여기서는 라인강까지 영토를 확장하는 루이 14세를 로마 건국 영웅 아이네이스에 비견하는 일종의 서사시를 말하려는 것이다.

또다시 바위들과 나무들을 움직이게 할 것이며,[34]
천둥치는 폭우 속에 정신을 잃고
난파를 피하다 물에 빠진 바타비아인들을 노래할 것이며,[35]
무시무시한 그 백주白晝의 습격으로
마스트리흐트에 매장된 군인들을 이야기할 것인가?[36]
그러나 내가 이야기하는 지금도 새로운 영광이
알프스로 향하는 이 발 빠른 정복자를 향해 여러분을 부른다.
이미 돌과 살랭이 그에게 무릎을 꿇었으며[37]
브장송은 그의 대포 연기에 여전히 휩싸여 있다.
이 전쟁에서 제방의 물살 같은 공격을 막아 보겠다고
동맹을 형성했던 그 위대한 전사들은 어디 있는가?
도망치면서도 아직 그 공격을 막을 수 있다 말하며,

---

33 리라는 노래하는 시인을 상징한다.

34 제4가 145~150행의 오르페우스와 암피온 참조.

35 바타비아란 홀란드의 라틴 이름이다. 1673년에 홀란드는 프랑스 군대의 침입을 막기 위해 스스로 수문을 열어 국토를 침수시켰다.

36 마스트리흐트Maastricht는 1673년 6월 29일에 루이 14세가 점령한 홀란드의 도시로, 이전까지는 주로 밤에 공격이 이루어졌으나, 보방 장군이 대낮에 공격하여 함락시켰다.

37 1673년 10월부터 이듬해 7월까지 이어진 제2차 프랑슈콩테 점령전쟁을 의미한다. 이 전쟁의 승리로 현재 부르고뉴 지역을 프랑스의 영토로 확보하게 되었다.

그 공격을 피할 수 있다 말하며, 잘못된 명예에 취해 있는가?
성벽들아, 무너질지어다! 도시들아, 굴복할지어다!
수많은 영광이여, 진군 중에 쌓여 나갈지어다!
작가들이여, 이를 노래하기 위해 그대들의 열정을 배가하라.
이 주세는 어설픈 노력에는 어울리지 않는다.
지금까지 풍자로 자라온 나도
감히 트럼펫과 리라를 조작하지 않을 것이다.
하지만 그대는 내가 이 영광의 뜰 안에서
그대의 눈과 귀에 생기를 불어넣는 것을 보리니,
여전히 젊은 파르나스의 뮤즈가 호라티우스로부터
내게 가져다주는 교훈을 제공받게 될 것이다.
교훈으로 그대들의 감성은 가라앉고 정신은 덥혀질 것이다.
그리고 그대들에게 저 멀리 영관榮冠과 상을 보여 줄 것이다.
그러나 이 지독한 열정으로 가득 차 그대들의 행보를
관찰하고 있는 나를 용서해 주시오.
만일 가끔은 진짜로부터 가짜를 구분해 내거나
엉터리 작가의 잘못을 공격하더라도
좀 귀찮은 잔소리꾼이지만 가끔은 필요할 터이며
뭘 잘할 줄 알기보다는 지적질에 익숙한 사람이라오.

부록

1

17세기
프랑스의 풍자, 패러디, 뷔를레스크

2

17세기
프랑스 문학의 주요 시형

부록 1

17세기 프랑스의 풍자, 패러디, 뷔를레스크

1. 웃음과 다시 쓰기의 미학

시학을 쓴 부알로는 풍자의 시인이었다. 그가 등단한 것도 풍자시를 통해서였으며, 그의 모든 작품의 기저에 자리 잡고 있는 분위기도 풍자였다. 웃음을 유발하고 그 웃음을 통해 통찰을 유도하는 문학적 장르는 당시 무척 새로운 것이었다. 중세 내내 웃음은 금기시되어 있었기 때문이었다. 많은 인간적 문화 요소들이 르네상스와 더불어 재탄생했듯이 웃음 역시 라블레와 더불어 문학에서 재탄생했고, 그 재탄생된 웃음은 17세기 몰리에르에 의해 근대 희극의 형태로 자리 잡는다.

이 글에서는 부알로의 시학을 좀 더 깊이 이해하기 위해 이 웃음과 어우러진 새로운 문학하기에 관한 내용을 정리했다.

문학에서 풍자satire, 패러디parody, 뷔를레스크burlesque는 모두 웃음의 탈논리적 미학을 공통적 기반으로 삼는 다양한 형태의 '다시 쓰기'를 일컫는 표현들이다. 풍자는 우리에게 사회적 경종을 울리고, 패러디는 익숙한 것을 새롭게 보는 시각을 열어 주며, 뷔를레스크는 문학적 언어·형식·사고의 유연함을 가능케 한다.

웃음을 활용한 이 세 가지 다시 쓰기 양식은 단순히 웃음을 자아내는 것을 넘어, 우리로 하여금 세상을 다각도로 바라보고 비판적으로 사고하도록 이끄는 중요한 문학적 도구다.

2. 풍자의 사회적 기능

풍자는 웃음을 통해 인간의 어리석음과 사회적 모순을 겨냥한다. 라브뤼예르의 《성격론》이나 볼테르의 《캉디드》가 대표적 예다. 풍자의 웃음은 우리가 속한 사회와 그 구성원들의 모순된 가치나 행동에 대한 객관적 시각 및 인식의 변화를 유도하기 위한 도구다. 풍자의 어조는 보통 가볍고 유쾌하지만, 때로는 충격적일 정도로 잔인할 수 있다.

부알로는 자신의 《풍자시*Satires*》에서 궁정인들의 허영심이나 시인들의 타락 같은 당시 상류사회의 폐부를 겨냥한다. 그의 시는 단순한 조롱이 아니라, 올바른 미학과 덕목의 기준을 세우려는 시도였다.

풍자, 패러디, 뷔를레스크, 세 장르는 때로는 서로 겹치기도 한다.

《돈키호테》는 패러디이면서 뷔를레스크적 요소를 포함하며, 결국 사회를 풍자하는 내용을 담고 있다. 그러나 각 장르의 핵심적 차이는 분명하다. 풍자는 사회 비판을, 패러디는 특정 작품에 대한 오마주와 해체를, 뷔를레스크는 순수한 언어적 유희를 최우선적으로 추구한다.

3. 패러디의 정의와 변주

패러디라는 말은 뷔를레스크나 풍자 등의 단어들과 많은 부분 그 의미를 공유하며 혼용된 채 사용된다. 뷔를레스크는 웃음의 유발을 목적으로 무게 있는 고전의 일부나 전부를 일상 언어로 개작한 문구나 문학작품이다. 17세기 스카롱이나 다수시 그리고 시라노 드 베르주라크 등이 이를 즐겨 사용했다. 이들의 적나라한 뷔를레스크가 노리는 것은 본질을 향한 직접적 접근이다. 장식적 요소를 제거하고 그 본질을 직시하려는 뷔를레스크 작가들의 의지는 르네상스 인문주의자들이 중세 성직자들에 의해 본문 내용에 덧붙여진 주석과 해석들을 모두 제거하고 성경 원문을 직접 접하고자 했던 의지와 다르지 않다.

이와 같은 의지를 통해 뷔를레스크는 보다 더 진지한 목적에 도달하게 된다. 그것은 어려운 텍스트들의 대중화vulgarisation를 모색하는 일이다. 이 대중화란 고전을 보다 쉽게 접하고 이해할 수 있도록 하기 위한 단순한 개작에 그치지 않는다. 고전을 쓴 작가의 정신세계와 그의 창작의도, 당시 사회를 구성하고 있는 많은 요소들과 작품의 역학적 관계 등을 쉽게 풀어 전달해 주는 일, 그래서 독자가 고전을 자신의 환경에 대입하여 온전히 느낄 수 있도록 유도해 주는 작업을 말한다. 따라서 원전 텍스트에 대한 심층적 이해는 대중화를 위한 뷔를레스크적 개작의 기본 조건이다. 이 '다시 쓰기'는 단순한 고전 텍스트 개작을 뛰어넘어 그 고전 텍스트가 형성된 정신과 상황에 대한 분석적 해체를 요구하는 행위이기 때문이다.

17세기 중반이라는 특정 시대에 기존 걸작이나 이미 다루어졌던 무게 있는 주제를 일상의 언어로 다시 쓴다는 문체적 공통성을 지닌 이 뷔를레스크는 하나의 독립적 문학 장르로 인식될 만큼 변별적 특성을 가져서 정의 내리기가 상대적으로 용이하다. 그러나 패러디를 정의하는 일은 이보다 훨씬 복잡하다. 문학에서 패러디를 정의하는 일은 문학 그 자체를 정의하는 일만큼이나 막연한 일이다. 패러디와 유사한 의미로 쓰이는 뷔를레스크나 패스티시, 트라베스티 등과의 관계 설정에서도 사전마다 혹은 연구자들마다 견해 차이를 보인다.

17세기 사전들의 정의를 종합하여 정리하면 패러디는 크게 두 가지 의미로 나뉜다. 첫째, 시의 장르에서 일반적으로 알려진 시구에 새로운 내용을 삽입한 개작시다. 둘째, 무게 있는 작품을 희화적 burlesque으로 개작한 경우다. 둘째 의미로 쓰일 때는 뷔를레스크와 마찬가지로 웃음을 유발하기 위한 문학적 유희를 지칭하지만, 첫째 의미로 쓰일 때는 웃음이 필수적인 것은 아니다. 따라서 이 두 가지 의미를 복합적으로 사용할 때 패러디는 뷔를레스크와 달리 반드시 웃음 유발을 필수적 목적으로 삼지는 않는다.

1776년 출간된 연극 사전(Paris, Lacombe)에서는 패러디를 무게 있는 작품을 우스꽝스럽게 개작하는 시적 유희로 정의하며, 크게 서술직 패러디와 극적 패러디로 분류한다. 사전은 두 종류의 패러디 모두 궁극적으로 상대를 공격하기 위한 것이 아니라 '유쾌하고 유익한 목적'으로 만들어져야 한다고 말한다. 그러려면 원작을 모방할 때 신랄함이나 저속한 표현, 외설 등을 피해야 한다. 이 사전의 정의를 따르면 패러디와 뷔를레스크의 차이는 언어 수준과 적나라함 정도의 문제일 뿐 근본적 차이는 없다.

20세기 초까지 패러디라는 말은 이러한 사전적 의미를 크게 벗어나지 않은 채 문학적 유희행위로서 원전의 개작이라는 의미로 인식되고 있었다. 그러나 패러디는 20세기 중반 들어 러시아 형식주의자들의 의미 재정립을 통해 창작의 한 유형으로까지 확대된다.[1]

프랑스에서 패러디에 대한 논의는 바흐친의 '라블레의 웃음'을 주

1 시어와 일상어를 구분하여 문학을 언어활동의 특별한 기능으로 파악했던 야콥슨이나 시클롭스키 등의 러시아 형식주의자들은 패러디식 원텍스트의 재현이 일종의 문학 비평이 될 수 있음을 알렸다. 원작을 뒤틀어 새로운 의미구조를 창출해 내는 이런 문학적 비평행위가 기존 텍스트의 변형을 통한 또 다른 창작행위가 될 수 있다는 가능성을 제시했다(아이헨바움 외,《러시아 형식주의》, 김치수 옮김, 이화문고, 1988 참조)

제로 한 학위논문이 번역 출간되던 시점부터 불붙기 시작했다.[2] 단어에 대한 의미론적 연구가 본격적으로 가동된 것은 1980년 전후에 제라르 주네트,[3] 그리고 영미 계열의 마거리트 로즈,[4] 린다 허치언[5] 등

---

2 Mikhail Bakhtine, *L'oeuvre de François Rabelais et la culture populaire au Moyen âge et sous la Renaissance*, Paris, Gallimard, 1970. 영미권에서 패러디의 종합적 연구가 출간된 것은 이보다 이전이다. 마르키비치Henryk Markiewicz의 *On the definitions of literary parody, To honor Roman Jakobson*(The Hague, Mouton, 1967)은 방대한 분량의 패러디를 주제로 한 일종의 문학사로, 패러디 연구의 시발점으로 인식된다. 그러나 마르키비치는 패러디를 분류하면서 뷔를레스크와 패러디의 관계 정립에 혼돈을 일으킴으로써 패러디 정의의 모호함을 가중시킨 인상을 준다(1264~1272년). 한편 프랑스에서도 산다 골로펜티아-에레테스쿠Sanda Golopentia-Eretescu가 *Grammaire de la parodie*(Cahiers de Lingusitique théorique et appliqué, No. 6, 1969)라는 논문을 1970년 바흐친의 논문이 프랑스어로 번역 출간되기 전에 발표했다. 이 논문에서 작가는 그 이전에 혼용되었던 패러디와 패스티시의 관계를 정립한다. 그 후 볼프강 카러Wolfgang Karrer의 *Parodie, Travestie, Pastiche*(Munich, Wilhelm Fink, 1977)는 패러디란 단순한 문학적 범주에서의 기호학적 의미를 뛰어넘어 학문 간 상호연관성interdisciplinarité의 차원에서 연구 대상이 되어야 한다고 주장한다(Clive Thomson, *Essays on Parody*, Toronto, Victoria University, 1986, vol. 4, p.v에서 재인용).

3 Gérard Genette, *Palimpsestes, la littérature au second degré*, Paris, Seuil, 1982.

4 Margaret Rose, *Parody/Meta-fiction, An analysis of parody as a critical mirror to the writing and reception of fiction*, London, Croom Helm, 1979.

5 Linda Hutcheon, *A theory of parody, the teachings of twentieth-century art forms*, New York: Methuen, 1985. 린다 허치언, 《패러디 이론》, 김상구·윤여복 옮김, 문예출판사, 1992.

의 관련 연구를 계기로 패러디 학회가 연달아 개최되면서부터다.

로즈는 패러디가 트라베스티와 더불어 뷔를레스크의 하위 장르로 인식되기도 하며 반대로 뷔를레스크와 트라베스티가 패러디의 하위 장르로 인식되기도 하는 경우를 밝혀내면서, 그 의미 범주를 정하는 일이 지극히 이려움을 도모한다.[6] 패러디 연구사라 할 만큼 많은 선행 연구를 정리하여 공통적 특질의 추출을 시도한 이 연구자는 패러디를 "웃음의 효과를 불러오는 문학텍스트의 비평적 인용"[7]이라 정의하며, 모든 허구적 창작의 행간을 읽는 행위인 "메타픽션"이라 칭한다.[8]

한편, 프랑스에서 1980년대 패러디에 혁신적 위상을 제공한 것으로 인정되는 제라르 주네트는 저서 《팔랭프세스트》에서 패러디를 보다 넓은 의미로 확대 해석한다. 그는 과거의 모델들을 자유롭게 그리고 의식적으로 모방한 형태로 창작된 텍스트들 간의 전환텍스트성 transtextualité[9]의 의미를 새롭게 정립하며, 패러디를 텍스트 간 상호 모

---

6 Margaret A. Rose, *op.cit.*, pp. 39~40.

7 *Idem.*, p. 55.

8 *Idem.*, pp. 82~89.

9 transtextualié은 다섯 가지 형태로 분류된다.

① L'intertextualité: 관련되는 두 텍스트가 서로 상대 텍스트를 연상시킬 수 있는 경우로 '인용citation'이 대표적 용례다.

② La paratextualité: 패러디되는 텍스트가 패러디하는 텍스트 전체에 걸쳐 인식될 수 있는 경우로, 제목이나 부제 등을 패러디하는 경우에 해당된다.

방과 차용을 실행하기 위한 방법의 하나로 간주한다. 주네트에게 패러디는 뷔를레스크적 변형과는 근본적으로 다른 것이다. 뷔를레스크는 주제를 그대로 둔 채 문체를 변형하는 행위이지만, 패러디는 문체를 유지하면서 주제를 변형시키는 행위라는 것이다.

뷔를레스크와 트라베스티는 모두 조롱을 담고 있지만, 패러디에 있어 조롱은 필수적인 것이 아니라고 허치언은 주장한다. 그의 분석에 따르면, 패러디는[10] 예술 상호간 담론의 한 형식으로, 인구에 회자되는 유명한 작품, 작품 양식, 문체 또는 구절 등의 상황이나 맥락을 전도시켜, 본래의 것과 이후의 것 사이에 유사성보다 차이점이 두드러져 새로운 의미가 부각되도록, 비판적 또는 반어적으로 모방하는 것을 의미한다.[11]

---

③ La métatextualité: 주석이나 해설의 형태로 패러디되는 텍스트를 삽입시키는 경우를 말한다.

④ L'architextualité: 시의 경우 문체나 정형성, 산문의 경우 문체나 구조, 연설문의 경우 어투나 몸짓 등을 통해 패러디 대상을 연상케 하는 경우다.

⑤ L'hypertextualité: 주네트가 분류한 패러디 형태 중 가장 진화된 형태로, 패러디하는 텍스트를 hypertexte, 패러디되는 텍스트를 hypotexte라고 부르며, 이들 간 상호 연관성이 단순한 인용이나 설명 형태가 아니라, hypertexte는 hypotexte의 변형된 형태로 또 하나의 독립적 텍스트의 성격을 지닌다.

10 G. Genette, *op. cit.*, p. 29.

11 린다 허치언, 《패러디 이론》, 김상구·윤여복 옮김, 문예출판사, 1992. 〈패러디의 정의〉, 51~83쪽 참조.

이렇듯 패러디에 대한 이론적 성찰을 진행해온 많은 연구자들의 의견에는 편차가 존재하지만, 그럼에도 불구하고 패러디를 새롭게 정의하려는 그들의 의지에는 공통점이 있다. 그것은 모두 패러디를 고전 텍스트를 개작함으로써 웃음을 유발하는 행위라는 좁은 의미에서 출발하여, 텍스트와 텍스트 간의 상호텍스트성, 메타픽션, 혼성 모방 등 보다 포괄적인 의미로까지 확대하고 있다는 사실이다.

결국 이들의 연구에는 패러디를 근대적 글쓰기의 새로운 현상으로 파악하고, 지속적인 변화를 통해 독립 장르로서 패러디의 위상을 확립하려는 의지가 공통적으로 내재되어 있다. 학제적discipline 혹은 학제 간interdiscipline 연구 대상으로서 패러디의 범위를 확립하려는 이와 같은 노력은 '다시 쓰기réécrire'를 '쓰기écrire'와 동일한 가치선상에 위치시킴으로써, 창작 자원의 고갈이라는 현대 문화예술이 직면한 문제점을 해결해 보고자 하는 포스트 모던적 의도에 다름 아니다.

4. 뷔를레스크의 확산과 비판

《리트레 사전》에 따르면, '뷔를레스크burlesque'라는 말이 프랑스에서 사용되기 시작한 것은 17세기 초반으로, 처음에는 형용사 형태로 쓰이다가 1640년 명사형으로 사용된 형태가 출현한다. 이탈리아에서 출발하여 17세기 초반 유럽 전역에 걸쳐 유행하게 된 이 장르가 프랑스에서 전성기를 맞이한 시기는 1640년대 중반부터 1650년대 중반까지로 스카롱의 《개작改作 베르길리우스*Virgile travesti*》가 연속적으로 출간되던 시기와 때를 같이한다.[12]

알렉상드랭의 전형이라고 할 수 있는 6각시 형태로 이루어진 서사시 베르길리우스의 《아이네이스》를 17세기 프랑스 민간에게 익숙한 8음절 시구를 활용하여 일상 언어로 재구성한 이 작품은 큰 성공을 거두었다. 이 개작의 메커니즘을 모방한 많은 모작들이 뒤이어 쏟아졌다. 고상한 주제를 다룬 텍스트를 그 내용은 그대로 유지한 채 일상 언어나 저속한 언어를 사용하여 내용을 전달하는 뷔를레스크는 때로는 '희극적comique' 혹은 '그로테스크grotesque' 같은 단어들과 혼용되기도 했다.[13]

---

12 Les livres I et II paraissent en 1648, III et IV en 1649, V en 1650, VI en 1651, VII en 1653. Le livre VIII demeure inédit jusqu'en 1659(Francis Bar, *Le genre burlesque en France au XVIIe siècle*, étude de style, D'Artrey, 1960, p. 4).

13 실제로 17세기 언어에서 burlesque는 grotesque와 혼용되어 쓰였다(*Histoire de l'Académie française*〔1652〕, éd, C. Livet, 1858, t.l, p. 79). 이후 grostesque가 미학적 특질 중 하나로 인식되는 낭만주의 시기에도 그 쓰임새는 혼용되고 있었다. 빅토르 위고는 연극《크롬웰》서문에서 'sublime'에 대비되는 개념으로 이 두 단어를 혼용하고 있으며(*Œuvres complètes*, Paris, Robert Laffont, Bouquins, vol. Critique, 1985, p.9) 테오필 고티에도 두 단어를 같은 의미로 사용한다(*Les Grostesques*, Paris, Nizet, 1985, p.403).

뷔를레스크 문학은 비극과 서사시 등 고상한 장르와 대별되는, 이른바 대중문학의 한 축을 형성하게 된다.[14] 그러나 당시 문단의 기존 문인들과 비평가들은 뷔를레스크의 확산을 우려했다. 우선 당대의 가장 영향력 있는 문인이자 궁정인이었던 부알로가 뷔를레스크풍 글쓰기의 천박함을 지적한다.

어떤 형식의 시를 쓰건 저속함은 피하라.
아무리 격格 낮은 장르라도 최소한의 품격은 있어야 한다.
양식良識을 무시한 뻔뻔한 뷔를레스크는
별격別格으로 인기를 얻으며 독자의 눈을 속였다.
이제 시구에서는 경박한 말장난만 보이고
파르나소스가 장바닥 언어를 사용하며
방종한 운은 고삐가 풀렸고
변장한 아폴론은 타바랭이 되었다.
이 전염병은 시골까지 번져
말단 서기, 부르주아에서 제후들에게까지 퍼졌다.
정말 형편없는 광대조차 추종자가 생겼고
모두에게, 하다못해 다수시까지 독자가 생겼다.[15]

---

14 미하엘 바흐친, 《프랑수아 라블레의 작품과 중세 및 르네상스의 민중문화》, 이덕형·최건영 옮김, 아카넷, 2001, 172~175쪽.

뷔를레스크의 폭발적인 확산은 1640년대와 1650년대에 걸쳐 일어났던 일이지만,[16] 1670년대 《시학》이 쓰인 시점에도 뷔를레스크 열풍은 식지 않고 있었음을 알 수 있다.[17] 이러한 상황은 뷔를레스크 문학에서 가장 빈번히 풍자되곤 했던 교회와 종교집단에도 우려할 만한 일이었다.

그들은 말도 안 되는 생각을 그런 말도 안 되는 언어로 표현하는 데서 그치지 않는다. 그들은 위대한 시인들의 지혜 넘치고 무게 있는 작품들을 패러디와 광대놀음으로 바꾸어 버린다. 라틴어로는 훌륭했던 작품이 프랑스어로 바뀌면서 형편없는 작품이 되고 마는 것이다(Ce n'est pas assez pour eux d'exprimer en un langage absurde leurs absurdes

---

15 G. Boileau, *L'Art Poétique*, Chant I, vers 79~90. 우리는 부알로가 자기당착적인 상황을 연출하는 것을 가끔 본다. 이 시학이 쓰이기 약 2년 전인 1671년 부알로 자신도 아리스토텔레스와 소르본의 권위에 맞서면서, 그 전투의 무기로 뷔를레스크를 활용했던 일이 있었다(Arrêt burlesque). 따라서 부알로가 뷔를레스크라는 장르의 가치를 절대적으로 폄하하는 것은, 앞서 언급한 작가들과의 불편한 관계에서 비롯된 듯한 인상을 지우기 어렵다.

16 A. Adam, *Histoire de la littérature française au XVIIe siècle*, Del Duca, 1962, t. 2, pp.81~88.

17 생트뵈브 이후 뷔를레스크를 프레시오지테에 대항하는 움직임으로 이해하기도 하나, 알랭 비알라가 지적하듯이 이러한 대비 구도는 시기적으로 정확하지 않다(*Dictionnaire de la littérature de la langue française*, Bordas, 1984, tome I, pp.340~342, "burlesque" 항목 참조).

inventions: il faut qu'ils travestissent en parodies et en bouffonneries les écrits pleins de sagesse et de gravité des plus grands poètes: de ce qui est bon en latin, ils font du pire en français).[18]

예수회 신부였던 르바쇠르가 스카롱의《개작 베르길리우스》를 두고 한 말이다. 그가 보기에 뷔를레스크는 시를 비롯한 문학작품에 대한 악의적인 패러디이며, 또한 그 안에서 주제와 그 주제를 표현하는 수단인 언어의 불일치로 인해 적절성bienséance을 파괴하고 문학적 우아함을 잃어버린 저속한 말장난일 뿐이라는 것이다.

사실 뷔를레스크를 저속한 말장난으로 치부해 버리는 그의 감정적 판단과, 당시 일반 지식인들과 마찬가지로 프랑스어보다 라틴어를 우월하게 여기는 시각을 제외한다면, 그의 나머지 지적은 정확하다. 이 신부가 비판의 대상으로 삼고 있는 "말도 안 되는absurde 언어로 말도 안 되는 생각을 풀어놓는 행위"인 뷔를레스크적 특성은《개작 베르길리우스》이외에도 스카롱의 많은 작품에서 나타난다.

가장 먼저 떠올릴 수 있는 예로, 스카롱이 당시 유명했던 소극배우 조들레를 위해 쓴 작품인《조들레, 주인이 된 하인》은 상황과 언어 그리고 인물과 행위의 불일치가 만들어 내는 불협不協, disconvenance의 효과가 극대화된 대표적인 뷔를레스크 작품이다. 신분이 바뀌는 두 등

---

18 Père Levasseur, *De ludicra dictione* 1658; Pierre Kohler, *L'esprit classique et la comédie*, payot, 1925, p.185에서 재인용.

장인물에게 벌어지는 상황이나 그들이 구사하는 언어는 말도 안 되는 상황을 연출하며, 많은 요소가 이른바 적절성의 원칙을 철저히 거스른다. 그리고 이러한 규칙위반 행위는 지극히 의도적인 것이었다.

아리스토텔레스와 호라티우스를 거쳐 부알로에 이르기까지, 시학의 근원적 법칙으로 인식되어 온 적절성은 극작을 비롯한 모든 시작법에서 지켜야 할 제일 원칙이었다. 고전주의 미학의 이론적 토대를 집대성한 르네 브레는 "진실임직함의 모든 것도 그 출발점은 적절성이며 고전주의의 시학은 곧 적절성의 시학이었다"[19]라고 말했다.

그렇다면 기존에 제시된 개념과 새롭게 제시되는 개념, 등장인물의 신분과 언어, 그리고 극적 상황과 이야기의 전개방식의 사이에서 발생하는 불협[20]으로 구성되는 17세기 뷔를레스크가 적절성이나 진실임직함의 법칙을 의도적으로 어기는 이유는 무엇인가?

물론 뷔를레스크가 유도하는 바는 웃음이다. 웃음의 효과는 바로 이 다양한 불협적 구성에서 비롯되는 엉뚱함으로부터 생겨난다. 주제

19 René Bray, *Formation de la Dontrine classique*, Nizet, 1945, p. 230.

20 "Le Burlesque qui est une espèce de ridicule consiste dans la disconvenance de l'idée qu'on donne d'une chose avec son idée véritable, de mesme que raisonnable consiste dans la convenance de ces deux idées"(N. Caussin, *Eloquentiae sacrae et humanae parallela*〔1619〕, cité par M. Le Guern, *Le style dans les Rhétoriques de Causssin et de la Littératures classiques*, No. 28, 1996, p. 271).

가 지닌 고상함과 생활 어투가 지닌 일상성의 불협적 대조를 유도하며 샤를 페로가 말한 "현격한 대조"가 불러일으키는 웃음을 유발한다.

이 웃음은 그 자체가 목적이 아니라, 다음 단계로 진행하기 위한 유도 장치인 경우가 많다. 웃음은 진실임직함이나 적절성은 물론 이성과 상식 등으로 철저히 보호받는, 어기면 안 될 부동의 진실의 실체를 적나라하게 드러냄으로써, 기존 의식체계 기반을 뒤흔드는 효과가 있다.

결국 뷔를레스크의 웃음은 문학적·사회적 질서와 가치에 대한 의문을 제기하는 매개체 역할을 하며, 이렇게 제기된 의문은 창작의 의지로 이어진다. 부알로는 뷔를레스크 작가들을 "파르나스가 장바닥 언어를 사용하며"[21]라고 평했지만, 스카롱의 언어를 단순히 시장의 언어라고 부를 수는 없다. 스카롱은 무겁고 엄숙한 언어를 충격적일 만큼 과감하게 일상 언어로 바꾸는 작업을 했으며, 그 작업이 결코 쉬운 일이 아님을 우리는 알고 있다.

종교적 권위를 위해 과장되었든, 정치·사회적 질서를 위해 조작되었든 간에, 사람들은 대상을 성스럽게 만들기 위해 그 대상이 지닌 성스러움을 그대로 드러내 보이기보다는 성스러움을 연출하는 장식에 치중하는 경우가 많다. 이러한 경우, 장식이 너무 요란해 그 대상의 성스러움은 느껴 보지 못하고, 성스러움에 대한 접근을 포기하게 되는 경우를 우리는 자주 경험한다.

---

21 G. Boileau, *L'Art Poétique*, Chant I, vers 74.

〈표 1〉 풍자 · 패러디 · 뷔를레스크의 비교

구분	주목적	주요 수단	주요 대상	예시
풍자	사회와 악습 비판	아이러니, 캐리커처, 과장	인간의 약점, 정치	라브뤼에르, 《성격론》
패러디	조롱이나 오마주를 위한 모방	특정 작품의 변용 및 차용	특정 작품, 작가, 장르	세르반테스, 《돈키호테》
뷔를레스크	대비를 통한 웃음	고귀한 형식과 천한 내용(그 반대)	언어 문화적 관습	스카롱, 《개작 베르길리우스》

적나라한 뷔를레스크가 노리는 것은 본질에 대한 직접적 접근이다. 이 장식적 요소를 제거하고 본질을 보려는 뷔를레스크 작가들의 의지는, 르네상스 인문주의자들이 중세 성직자들에 의해 본문에 덧붙여진 주석과 해석들을 모두 제거하고 성경 원문을 직접 접하고자 했던 의지와 다르지 않다.

이와 같은 의지를 통해 뷔를레스크는 보다 진지한 목적에 도달하게 된다. 그것은 바로 어려운 텍스트들의 대중화vulgarisation를 모색하는 일이다. 그러나 대중화란 고전을 보다 쉽게 접하고 이해할 수 있도록 하는 단순한 개작에 그치지 않는다. 대중화는 고전을 쓴 작가의 정신세계와 창작 의도, 당시 사회 속에서 사회를 구성하는 여러 요소와 작품의 역학적 관계 등을 쉽게 풀어 전달해 주는 일이다. 그래서 독자가 고전을 자신의 환경에 대입하여 온전히 느낄 수 있도록 유도하는 작업을 의미한다.

따라서 원전 텍스트에 대한 심층적 이해는 대중화를 위한 뷔를레스크적 개작22의 기본 조건이다. 이 '다시 쓰기'는 단순한 텍스트 개작을 뛰어넘어 그 고전 텍스트가 형성된 정신과 상황에 대한 분석적 해체를 요구하는 행위이기 때문이다. 시라노 드 베르주라크의 뷔를레스크는 그 좋은 예다. 《다른 세계》는 어느 한 작품을 개작 대상으로 삼은 것은 아니지만, 그 안에는 기독교 성경은 물론 당시 이의 제기를 불허하던 기존 사상과 절대 미학적 가치에 대해 다시 생각할 기회를 제공하는, 보다 진화된 뷔를레스크의 형태라고 할 수 있다.

22 문체의 패러디라고 할 수 있는 뷔를레스크는 다른 형태의 패러디인 영웅코미디heroi-comique와 병행해 나타나는 경우가 많다. 이 두 가지를 구분하는 기준을 세우기는 쉽지 않지만, 샤를 페로에 따르면 뷔를레스크는 "고상한 주제를 저속한 언어로" 표현하고, 영웅코미디는 "일상적 이야기를 멋지게" 표현하는 점에서 차이가 있다.

부록 2

17세기 프랑스 문학의 주요 시형

부알로의 《시학》에서 언급된 17세기 프랑스 문학의 주요 시형詩形은 모두 열한 가지다. 각 시형은 고유의 구조, 운율, 반복 패턴을 지니며, 작품의 목적과 상황에 따라 달리 활용되었다.

1. 경구시Epigramme

- 특징: 짧고 간결하며, 재치·풍자·교훈을 담고 있다. 마지막 행에서 의외의 반전이나 재치 있는 결말을 맺는 경우가 많다.
- 시형태: 대체로 2~6행 정도다. 그러나 때로는 꽤 긴 작품들도 존재한다. 운율은 자유롭거나 짧은 압축적 리듬이다.
- 쓰임새: 인물 풍자, 사회 비판, 도덕적 교훈 전달 등이다.

• 프랑스 문학 예: 16세기 프랑스어의 옹호와 선양에 앞장섰던 7성파 플레이아드La Pléiade 시인 중 한 사람이었던 클레망 마로Clément Marot는 이 형태의 시를 매우 즐겨 썼던 것으로 알려져 있다.

험담꾼에 대하여

너무, 너무, 말 많은 너,
결국엔 화 입으리.
말 많은 자 그 무엇도 듣지 않으니
자연은 너에게
말 말아라 하지만,
자연이 말하는 법만 가르치고
듣는 법은 가르치지 않은 자가
뭘 어쩌겠느냐?
아무것도 못하리라.
그저 자기가 한 험담이
되돌아와 말 못하고 죽어가리니,

(Du médisant
Tu dis tant, et tant, et tant,
Que à la fin mal en prendra :
Car qui dit trop, rien n'entend.
Nature te défend
De parler: mais que fera

Celuy à qui nature apprint
À dire, et point n'entendre?
Rien: sinon qu'il mourra
Sans se pouvoir défendre
Du mal qu'il a dit de tous,
Et qu'on dira de lui.)

2. 기상곡Caprice/Capriccio

카프리스는 시, 음악, 미술 등 다양한 예술 분야에서 사용하는 용어로, 특정한 형식이나 규칙에 얽매이지 않고 자유로운 상상력과 즉흥성을 강조하는 작품을 뜻한다. 이 용어는 이탈리아어 '카프리치오capriccio'에서 유래했으며, '변덕', '즉흥적인 생각', '엉뚱한 행동'을 의미한다.

문학, 특히 시에서 카프리스는 정해진 운율이나 연의 구조를 따르지 않는 자유시의 한 형태다. 소네트나 발라드처럼 엄격한 규칙을 따르는 고전적 형식과는 대조적이다. 시인은 자신의 기분이나 '변덕'에 따라 생각을 자유롭게 펼쳐 나가며, 논리적 전개보다는 즉흥적이고 감각적인 표현에 중점을 둔다. 이 시형은 르네상스 시대 이후, 기존의 형식적 제약에서 벗어나고자 했던 시인들에 의해 발전했다.

- 특징: 시인의 내면적 감정이나 순간적 영감을 자유롭게 표현하는 즉흥성과 상상력이 핵심이다. 풍자적이거나 유머러스한 요소를 포함하기도 한다.
- 시형태: 정해진 길이나 운율, 연의 구조와 관련된 형식이 매우 자유롭다.
- 쓰임새: 사교계의 모임이나 여흥을 즐기는 자리에서 재치를 겨루는 놀이 형식으로 쓰였다.
- 프랑스 문학 예: 당시 엄격한 규칙을 강조했던 말레르브Malherbe 학파와 대립하며 자유로운 시를 추구했던 테오필 드 비오Théophile de Viau의 《연인의 탄식*Soupirs d'un amant*》은 자유로운 리듬과 기발한 상상력 등 이 시형식의 특징을 모두 갖추었다. 다음은《연인의 탄식》의 일부다.

내 탄식아, 내 생각아 어딜 향해 달려가니?
여름 구름 위로 날아가,
바람 위에 그녀의 입맞춤을 그려 보렴.
마법에 걸린 내 마음을 한숨짓게 했던 그 입맞춤을.
너는 산들바람 틈에 사라진 불꽃을 찾고,
꽃향기 속에서 행복했던 과거를 찾지만,
하늘의 답은 침묵이고,
이 길고 긴 봄은 헛된 꿈일 뿐.

(Où vas-tu, mon soupir, où cours-tu, ma pensée,
Voler sur les nuages de l'été,
Et peindre sur le vent les baisers de l'aimée,
Qui m'ont fait soupirer mon cœur ensorcelé ?
Tu cherches dans la brise une flamme perdue,
Et dans le parfum des fleurs un doux passé,
Mais les cieux ne répondent que par le silence,
Et le printemps n'est qu'un vain songe sans fin.)

3. 발라드Ballade

- 특징: 중세 프랑스 서정시·노래 양식이다. 사건을 묘사하는 내용이 주를 이루었으나, 전쟁이나 왕의 치적 등을 그 내용으로 삼는 서사시와는 달리 서정적인 내용을 다룰 때가 많았다.
- 시작법: 세 개의 연Stance과 한 개의 후렴Envoi으로 구성되며, 각 연은 동일한 운율과 구조를 따른다.
- 쓰임새: 기사도, 사랑, 전쟁, 사회 비판 등을 이야기 형식으로 노래하는 데 쓰였다.
- 프랑스 문학 예: 15세기의 천재 시인 프랑수아 비용François Villon의 〈옛 여인들의 발라드Ballade des dames du temps jadis〉가 대표적이다. 이

시는 조르주 브라상Georges Brassens에 의해 1953년 곡이 붙여져 대중에게 널리 알려졌다.[1]

말해다오, 어느 땅, 어느 나라에
로마의 미인 플로라가 있는지,
알키비아데스, 혹은 타이스는 어디 있는지,
그녀의 사촌이었던 이가.
강가나 연못 위에서
소리가 나면 말을 되뇌는 에코,
인간을 초월한 미모를 가졌던 그녀.
그러나 지난날의 백설은 어디에 있는가?

현명한 엘로이즈는 어디에 있는가,
그녀를 위해 거세당하고 생드니에서
수도사가 된 피에르 아벨라르?
그의 사랑은 그런 시련을 겪었노라.
마찬가지로, 어디에 있는가 뷔리당을
포대에 넣어 센강에 던지라 명한
그 여왕은?
그러나 지난날의 백설은 어디에 있는가?

---

1 https://music.youtube.com/watch?v=M_Gq3NlHmA0)

백합처럼 흰 블랑슈 왕비
세이렌의 목소리로 노래하던;
큰 발의 베르트, 베아트리스, 알릭스;
멘 지방을 다스렸던 에랑부르,
그리고 오를레앙의 착한 소녀 진,
영국인들이 루앙에서 화형시킨 그녀;
그들은 어디에 있는가, 어디에, 성스러운 성모聖母여?
그러나 지난날의 백설은 어디에 있는가?

〔후렴〕
왕이시여, 이번 주도, 금년도
그녀들이 어디 있는지 묻지 마소서,
이 후렴구가 당신에게 남게 하소서:
그러나 지난날의 백설은 어디에 있는가?

(Dites-moi où, en quel pays,
Est Flora, la belle Romaine ;
Alcibiade, ou Thaïs,
Qui était sa cousine germaine ;
Écho parlant quand bruit on mène
Au-dessus d'une rivière ou d'un étang,
Elle qui eut une beauté plus qu'humaine.
Mais où sont les neiges d'antan ?

Où est la très sage Héloïse,
Pour qui fut châtré et puis moine
Pierre Abélard à Saint-Denis ?
Pour son amour il eut cette épreuve.
De même, où est la reine
Qui commanda que Buridan
Fût jeté dans un sac en Seine ?
Mais où sont les neiges d'antan ?

La reine Blanche comme lys
Qui chantait à voix de sirène ;
Berthe au grand pied, Béatrice, Alix ;
Erembourg qui tint le Maine,
Et Jeanne, la bonne Lorraine,
Que les Anglais brûlèrent à Rouen ;
Où sont-elles, où, Vierge souveraine ?
Mais où sont les neiges d'antan ?

(Envoi)
Prince, ne cherchez pas de la semaine
Où elles sont, ni de cette année,
Que ce refrain ne vous reste en mémoire :
Mais où sont les neiges d'antan?)

4. 트리올레 Triolet

- 특징: 반복을 통해 유희적 리듬을 만들며, 간결하면서도 재치 있는 효과를 나타낸다.
- 시작법: 4행 시절 두 연, 8행로 구성되며, 매우 엄격한 반복 규칙을 따른다.
- 쓰임새: 사랑 노래, 사회 풍자, 궁정 오락 등이다.
- 프랑스 문학 예: 14세기 프랑스에서 시작되었으며, 훗날 17세기와 18세기에 다시 유행하였다. 특히, 19세기 시인 테오도르 드 방빌 Théodore de Banville이 시형식을 매우 즐겨 썼다. 아래는 방빌이 쓴 〈트리올레〉라는 시로 트리올레의 시작법을 묘사한다.

트리올레의 첫 줄은
시 속에서 세 번 반복됩니다.
네 번째 줄은 가운데인데
트리올레의 첫 줄은
여섯 번째 줄은, 우리가 아는 대로,
두 번째 줄의 각운을 다시 취하지요.
트리올레의 첫 줄은
시 속에서 세 번 반복됩니다.
(Le premier vers du triolet
Se dit trois fois au cours du poème ;

Le quatrième est la moitié

Le premier vers du triolet.

Le sixième vers, on le connaît,

Reprend la rime du deuxième ;

Le premier vers du triolet

Se dit trois fois au cours du poème.)

5. 가면극시 Mascarade

- 특징: 시, 음악, 무용이 결합된 궁정 오락으로, 화려한 의상과 가면이 사용되는 가면무도회에서 흥을 돋우기 위해 만들어졌다.
- 시작법: 시적 대사와 노래가 섞여 있으며, 장시인 경우가 많다. 알레고리와 상징이 자주 등장한다.
- 쓰임새: 귀족·왕실 연회에서 공연되면, 사회적·정치적 메시지를 은유적으로 표현한다.
- 프랑스 문학 예: 루이 14세 궁정에서 자주 볼 수 있었던 코미디발레 공연의 막간이나 극의 시작 혹은 종료 후에 진행되는 가면무도회에서 주로 사용되었다. 몰리에르Molière와 륄리Jean-Baptiste Lully의 합작품인《부르주아 귀족*Le Bourgeois gentilhomme*》의 마지막 장면에 등장하는 터키 의식에 나오는 엉터리 터키어로 만든 유명한 마스카라드가 대표적이다.

6. 론도Rondeau

- 특징: 반복되는 후렴이 특징이며, 가볍고 유희적인 성격을 지닌다.
- 시작법: 시작 방법은 자유로운 편이나, 각 절의 끝에 반복되는 후렴구로 음악성을 높인다.
- 쓰임새: 사랑 시나 궁정적 노래에 사용되며, 나중에는 음악적 론도 형식으로 발전했다.
- 프랑스 문학 예: 왕족 출신의 시인 샤를 도를레앙Charles d'Orléans (1394~1465년)의 〈봄Printemps〉이 대표적 예다.

계절은 망토를 벗어 던졌네
바람과 추위, 비의 망토를.
그리고는 수놓은 옷을 걸쳤네
빛나고 찬란하며 아름다운 옷을.

모든 들짐승도, 모든 새도 자기만의 언어로
우지짖고 노래하누나 :
"계절은 망토를 벗어 던졌네
바람과 추위, 비의 망토를."

강도, 샘도, 시내도
곱게 차려입고, 고운 제복을 입고,

은세공의 은방울을 달고는
모두가 새 옷을 입었네.
계절은 망토를 벗어 던졌네.

(Le temps a laissé son manteau
De vent, de froidure et de pluie,
Et s'est vêtu de broderie,
De soleil luisant, clair et beau.

Il n'y a bête, ni oiseau,
Qu'en son jargon ne chante ou crie:
"Le temps a laissé son manteau
De vent, de froidure et de pluie."

Rivière, fontaine et ruisseau
Portent, en livrée jolie,
Gouttes d'argent d'orfèvrerie,
Chacun s'habille de nouveau.
Le temps a laissé son manteau.)

7. 목가Idylle/Églogue

- 특징: 자연과 목동의 평화로운 삶을 노래하며, 전원적 이상향을 표현한다.
- 시작법: 대화체 또는 서정적 독백의 형태를 취하며, 긴 시가 많다.
- 쓰임새: 도시 문명 비판, 자연 속 이상세계 묘사 등이다.
- 프랑스 문학 예: 17세기 우화작가이자 시인 라퐁텐La Fontaine의 목가적 우화들이 잘 알려져 있으며, 16세기 시인들도 즐겨 사용하던 시형식이다. 아래는 롱사르Pierre de Ronsard의 대표적인 목가시 〈뮤즈에게 바치는 목가Eglogue à sa muse〉의 일부분이다.

상냥하고 청량한 뮤즈여, 이제 찬양하세
숲속의 백성들이 노래하며 기려,
신성화된 덕德의 가치를.
오직 자연만이 시를 품고 있으니,
내가 지은 시일지라도, 그 근원은 자연이라네.

자, 같이 가자, 나의 뮤즈여, 바위가 소리 내는 곳으로,
샘물이 노래하고 바람이 웅웅대는 곳으로;
더위도, 추위도, 태양도 두려워 말고,
창백한 달빛도, 검고 조용한 그림자도 두려워 말고,

자, 어서 가자,

목동들은 양떼에게 사랑노래 부르게 놓아두고.

(Ma douce et fraîche muse, il est temps de chanter

Le prix de la vertu, que le peuple des bois

Honore en ses chansons et déifie en ses bois.

Car la nature seule a de la poésie,

Et, si j'en suis l'auteur, elle en est la cause.

Allons, suis-moi, ma Muse, où les rochers sonnent,

Où la source chante et où les vents ronronnent;

Ne crains pas la chaleur, ni le froid, ni le soleil,

Ni la lune pâle, ni l'ombre noire et muette,

Mais viens, allons, et laissons les bergers

Chanter à leurs troupeaux leurs tendres amours.)

8. 애가 Élégie

- 특징: 죽음, 상실, 슬픔, 회한을 주제로 한 서정시다.
- 시작법: 격식보다 정서 표현이 중심이며. 부드럽고 애조 띤 어휘가 사용된다.

- 쓰임새: 죽은 이를 기리는 장례시, 상실을 노래하는 사랑시로 쓰인다.
- 프랑스 문학 예: 17세기 프랑스 문학에서 엘레지는 고전주의의 영향으로 절제되고 정돈된 형식을 따르는 것이 특징이다. 그 대표적인 예로 프랑수아 드 말레르브François de Malherbe(1555~1628년)의 《뒤 페리에 씨에게 보내는 위로*Consolation à M. du Perier*》를 늘 수 있다. 이 작품은 딸을 잃은 친구에게 위로를 전하는 시로, 삶의 허무함을 장미에 비유한 유명한 구절이 담겨 있다.

무슨 수를 쓴다 해도,
죽음에서 벗어날 수는 없는 법.
하지만 그것이 항상 끝인 건 아닐 기요.
죽음은 다른 삶의 시작일 수도 있지.

가여운 로제트는 장미처럼,
단 하루아침을 살았던 것
그녀는 이제 없네, 어제 저녁에도 있었건만, 가엾은 이여.
하지만 죽음은 끝이 아니며,
그것은 다른 삶의 시작이라네.

(Quelque soin qu'on prenne,
On n'échappe pas à la mort.
Mais elle n'est pas toujours une fin.

Elle peut être le commencement d'une autre vie.

La pauvre Rosette a vécu ce que vivent les roses,
L'espace d'un matin.
Elle n'est plus, comme hier au soir, ma chère amie.
Mais la mort n'est pas la fin,
Elle est le commencement d'une autre vie.)

9. 오드 Ode

- 특징: 숭고한 주제를 장엄하게 노래하며, 찬가적 성격을 지닌다.
- 시작법: 그리스 시학에 기반하여 일정한 연 형식을 따른다.
- 쓰임새: 신, 영웅, 자연에 대한 찬미나 종교적·철학적 사색을 표현하는 데 쓰인다.
- 프랑스 문학 예: 고대 그리스와 로마의 시 형식에서 유래한 서정시의 한 종류다. 주로 어떤 대상(인물, 장소, 사상 등)을 찬양하거나 기리는 데 사용되며, 격조 높은 언어와 엄격한 운율이 특징이다. 16세기 시인 피에르 드 롱사르는 오드 형식을 프랑스 문학에 정착시킨 대표적 인물이다. 그의 《카상드르에게 바치는 오드 *Ode à Cassandre*》는 인생의 덧없음을 노래한 작품이다.

귀여운 아가씨, 가서 봅시다.
아침 햇살 아래
자줏빛 옷자락을 펼쳤던 장미가
이 해질 녘
그 자줏빛 옷자락을,
그대 닮은 그 고운 색을 잃지는 않았는지.

아! 귀여운 아가씨, 보세요.
얼마나 짧은 시간 안에, 바로 그 자리에서
아! 그 아름다움이 시들어 버렸는지!
오! 자연, 비정한 어머니여
꽃 피어 지기까지
한나절만 허락하시다니!

자, 귀여운 아가씨, 명심하세요.
그대의 삶이 꽃피어
그 싱그런 푸르름을 누리는 동안,
거두고 또 거두시오, 그 청춘의 꽃을.
이 장미처럼, 노화가
그대의 아름다움을 퇴색시킬 터이니.

(Mignonne, allons voir si la rose
Qui ce matin avait déployé
Sa robe de pourpre au soleil,
A point perdu, ce soir,
Les plis de sa robe pourpre,
Et son teint au vôtre pareil.

Hélas ! voyez comme en peu d'espace,
Mignonne, elle a sur place
Hélas ! hélas ! laissé tomber ses beautés !
Ô vraiment marâtre Nature,
Puisqu'une telle fleur ne dure
Que du matin jusqu'au soir !

Donc, si vous me croyez, mignonne,
Tandis que votre âge fleurit
En sa plus verte nouveauté,
Cueillez, cueillez votre jeunesse :
Comme pour cette fleur, la vieillesse
Fera ternir votre beauté.)

10. 소네트Sonnette/Sonnet

프랑스에서 소네트는 16세기 이탈리아로부터 전래되었다. 특히 페트라르카의 전통을 이어받아 클레망 마로, 조아생 뒤 벨레, 피에르 드 롱사르 같은 플레이아드파 시인들이 소네트를 정착시켰다. 초기 소네트는 주로 사랑과 시간, 아름다움과 덧없음 같은 주제를 다루었으며, 라틴어와 이탈리아어의 정형성을 모방하면서도 점차 프랑스적 리듬을 형성했다.

17세기에는 말레르브 같은 시인들이 언어를 정제하면서, 소네트는 궁정적 세련미와 형식적 규율 속에서 다듬어졌다. 그러나 고전주의 문학이 절정을 이루면서 소네트는 다소 경직되고 실험적 활력을 잃었다. 19세기에 이르러 보들레르, 베를렌, 말라르메 같은 상징주의 시인들이 소네트를 다시 부활시켰다. 그들은 전통적 형식을 유지하면서도 새로운 상징과 음악성을 불어넣어, 소네트를 현대적으로 재해석했다.

- 특징: 14행 정형시로, 두 개의 4행 연(콰트레인)과 두 개의 3행 연(테르체트)으로 구성된다.
- 시작법: 유럽 르네상스 시기를 대표하는 정형시로, 각 연은 일정한 각운이 배열되는데 시대와 시인에 따라 매우 다양하다. 보통 앞부분에서 문제나 감정을 제시하고, 뒷부분에서 전환과 결말을 맺는 식으로 주제가 전개된다.

- 쓰임새: 사랑, 철학적 명상, 자연 묘사 등에 사용된다.
- 프랑스 문학 예: 시인 조아생 뒤 벨레Joachim du Bellay(1522~1560년)의 소네트 〈오디세우스처럼 행복한 사람Heureux qui, comme Ulysse〉(Les Regrets, 1558)이 대표적 예다.

오, 행복하여라, 오디세우스처럼,
혹은 황금 양털을 차지한 이아손처럼 멋진 여행을 마친 자여,
지혜와 깨달음을 안고 돌아와
지인들과 함께 여생을 살아가는 자여!

아, 언제 다시 볼 수 있으랴, 내 작은 마을,
어느 계절에야 연기 피어오르는 굴뚝을,
내 초라한 집의 담장을 다시 보리오
내게는 그것이 한 영지領地, 아니 그보다 귀한 것인데!

야심이 거들먹대는 로마의 궁전보다,
내 조상이 지은 거처가 더 마음에 들고,
대리석보다 내 고향의 돌 지붕이 더 편하다.

내게는 골 지방의 루아르강이 라틴 지역의 티베르강보다 더 사랑스럽고,
내 작은 리레언덕이 팔라티노산보다 더 귀하며,
바닷바람보다 앙주의 온화함이 더 달콤하도다.

(Heureux celui qui, comme Ulysse, a fait un beau voyage,
Ou comme celui-là qui conquit la Toison,
Et puis est revenu, plein d'expérience et de raison,
Vivre parmi ses proches le reste de son âge!

Quand reverrai-je, hélas, mon petit village,
La cheminée qui fume, et en quelle saison
Reverrai-je l'enclos de ma pauvre maison,
Qui pour moi vaut une province, et bien davantage?

Plus me plaît le séjour bâti par mes aïeux,
Que les palais romains à l'orgueil ambitieux;
Plus que le marbre dur m'agrée l'ardoise fine:

Plus mon Loire gaulois, que le Tibre latin,
Plus mon petit Liré, que le mont Palatin,
Et plus que l'air marin la douceur angevine.)

11. 마드리갈Madrigale

14~16세기 이탈리아에서 유행한 짧은 서정시로, 특히 사랑을 주제로 한 작품이 많다.

- 특징: 르네상스 세속 성악곡에서 유래한 형식으로, 사랑과 재치를 담은 짧은 형태의 시다. 소네트처럼 엄격한 규칙이 부과되지 않고, 자유로운 각운과 다양한 길이의 행을 사용하여 음악적 운율을 살리는 것이 특징이다.
- 시작법: 운율이 자유로우며, 3행에서 12행 사이의 짧고 간결한 표현이 주를 이룬다.
- 쓰임새: 보통 가벼운 어조로 사랑을 찬미하거나 미묘한 감정을 표현하는 등 언어적 센스와 재치를 겨루는 사교적 모임에서 즉흥시 형태로 자주 사용되었다.
- 프랑스 문학 예: 클레망 마로의 마드리갈 〈그 시절 사랑에 빠진 나는Du temps que j'étais amoureux〉이 대표적 예다.

그 시절 사랑에 빠진 나는,
둘도 없는 그녀를 섬겼다네.
그리고 보다 정력적이려고,
보신용 돼지 귀를 잔뜩 먹었지.

헌데 지금은, 그녀는 농익었건만,
나는 늙고 머리칼이 희끗해졌으니,
더 이상 감히 그녀를 건드리지도 못하겠네,
그러다 죽어 쓰레기가 될까 두려운 게지.

(Du temps que j'étais amoureux,
Je servais une sans pareille;
Et pour être plus vigoureux,
Je mangeais force fine oreille.
Or, maintenant qu'elle est vermeille
À souhait, et moi vieil et gris,
Je n'ose plus toucher à elle,
Tant je crains les mortels débris.)

옮긴이 해제

부알로의 삶과 문학

1. 17세기 프랑스의 사회문화적 배경

프랑스 절대왕정의 황금기

니콜라 부알로가 살았던 시기(1636~1711년)의 프랑스는 루이 13세에서 루이 14세로 이어지는 절대왕정의 절정기를 맞고 있었다.

우선 정치적으로는 근대적 중앙집권체제가 완성되고 있었다. 부알로가 태어난 1636년 재상 리슐리외 추기경의 중앙집권 정책이 본격적으로 결실을 맺기 시작한 해였다. 루이 13세의 재상이었던 리슐리외는 반란 귀족을 제압한 후 지방 총독직을 폐지하고, 재정·군사·외교 등 6개의 중앙 부서를 설치해 중앙관료intendants/préfet를 파견함으로써 오늘날까지 이어지는 프랑스 정부 구조의 근간을 마련했다. 또한 부패한 세금징수체제를 정비하고 직접징세제를 추진해 왕실 재정을 두 배 가까이 증가시켰다.

그다음 군사적으로도 프랑스는 서유럽을 대표하는 강대국이 되었다. 1624년부터 1642년까지 18년의 재임 기간 중 리슐리외는 기존 5만 명 규모의 왕립 군대를 세 배 이상 증강시켜 15만 명의 상비군을 갖추게 하였다. 이러한 급격한 증가는 유럽 최초로 전국적 징병제를 도입하고 지방별 할당제를 시행했기 때문에 가능했다. 또한 용병제를 폐지하고 월급제 병사제도를 도입함으로써 애국주의를 바탕으로 한 군의 사기 진작에도 막대한 영향을 미쳤다. 해군력 증강에도 큰 힘을 쏟아 1624년 18척에 불과했던 전함을 1642년 50척으로 늘렸고, 수병 규모도 3,000명에서 1만 2,000명으로 확대했다. 현재 주요 군항인 툴롱과 브레스트의 확장과 요새화도 이미 이 시기에 완성되었다.

물론 막대한 재정 지출은 부작용을 불러오기도 했으며, 특히 1648년 프롱드 난의 원인 가운데 하나가 되었다. 루이 14세에게 가장 끔찍한 트라우마를 안겨 주었던 프롱드 난은 결국 루이 14세로 하여금 권력 절대화의 필요성을 절감하게 하는 정치적 배경이 되었다. 이는 그가 자신의 군대를 유럽 최강으로 만들 결심을 굳히는 계기가 되었던 것이다.

그리고 문화적으로도 프랑스, 특히 파리는 전성기의 로마와 콘스탄티노플을 제외하고는 그 이전에는 존재한 적이 없는 대도시로 발돋움했다. 파리시청 기록 등에 따르면, 당시 파리 인구는 약 40만

~50만 명으로 추정된다.[1] 이는 당시 서유럽 최대 규모였으며, 사실상 1680년부터 급격히 증가한 베르사유 등 파리와 접해 있는 파리 생활권 인구와 합하면 전성기의 콘스탄티노플의 인구를 넘어서는 수준이었다. 부알로는 《풍자시》 제 6편에서 파리를 "인파에 짓눌린 도시"라고 표현했다.

인구 증가는 경제적·문화적 발전의 결과이기도 했다. 여러 분야의 왕립 아카데미와, 이 아카데미들이 제시하는 지적·문화적 가치를 수용하거나 거부하는 지식인들 사이에서는 수많은 지적 논쟁과 에너지가 분출되었다. 그 결과물을 바탕으로, 프랑스인들은 자국이 문화적 르네상스의 정점을 찍었으며, 스스로 고대인들보다 우월한 문화를 이루어 냈다고 자축하는 수준에 이르렀다. 실제로 유럽 각국의 유학생들이 모여들면서 파리는 명실공히 예술과 학문의 중심지가 되었다.[2]

17세기 프랑스 문단의 상황

《부알로의 시학》(이하 《시학》)이 출간되던 17세기 중후반 프랑스 문단은 크게 세 갈래의 흐름으로 나뉘어 있었다. 두 갈래의 흐름은 서로를 배격하는 '도시와 궁정Ville et Cour'[3]의 문학이었다. 또 하나의 흐

---

1 로제 샤르티에(Roger Chartier), 《앙시앵 레짐의 도시 인구》, 2003.

2 에르민(F. Ermine), 《루이 14세 시대의 문학 생태계》, 2018.

름은 도시와 궁정의 어느 쪽에도 속하지 않으면서, 때로는 양쪽을 오가기도 하고, 때로는 그 두 흐름과는 전혀 다른 길을 걷기도 했던 자유사상Libertinage문학이었다.

도시문학은 랑부예Rambouillet 후작 부인이 창립한 살롱을 중심으로, 당시 귀족과 상층 부르주아 여인들이 주도한 프레시오지테préciosité 문학이었다. 마들렌 드 스퀴데리Madeleine de Scudéry의 《클레리*Clelie*》와 같은 장편 소설로 대표되는 이 부류의 문학은 복잡한 알레고리와 사교계의 이상화된 사랑 이야기를 주로 다루었다.

다른 한편에는 루이 14세를 중심으로 형성된 궁정문학이 있었다. 왕립 아카데미 회원들을 중심으로 구성되었던 이 문인들은 절대왕정의 문화적 근위대 역할을 하였으며, 왕으로부터 연금을 받던 많은 작가가 포함되었다. 이들은 문학이론에 천착하며, 살롱문학이 열광했던 소설을 경시하고, 전통적으로 '우아한 장르'로 인정받던 서사시와

---

3 파리에서 10여 킬로미터 떨어져 있는 베르사유 궁전이 완성된 때는 1680년대였다. 그러나 루이 14세와 부르봉 왕가가 주관하는 많은 행사들은 이미 1660년 중반부터 베르사유에서 진행되었다. 또 왕가의 실질적 거주도 그 무렵부터 시작되었다. 이 시기부터 파리에서는 예전 루브르 궁전을 중심으로 한 파리 지역을 '도시Ville', 베르사유를 '궁정Cour'이라 칭했다. '궁정'은 상징적으로는 왕가를 중심으로 한 궁정 소속 작가나 지식인들(부르봉가로부터 연금을 받는 작가나 지식인)을 지칭하기도 했다. 반면 '도시'는 궁정의 주류 작가나 지식인이 되기를 꿈꾸거나 혹은 그 궁정 지식인들을 비판하는 주변 사람들을 통칭하는 말로 사용되었다.

극시의 창작에 힘을 쏟았다.

또 다른 한편에는 스카롱이나 시라노 드 베르주라크처럼, 이 두 흐름과는 별개로 패러디, 뷔를레스크[4] 등의 형식을 빌려 소설과 희극을 쓰던 작가들이 있었다. 이들은 그 시대에 불온사상으로 경계의 대상이 되곤 했던 자유사상적 경향을 특징으로 하는 일련의 작가들이었다.

이러한 문단의 분위기 속에서 부알로는 살롱문학에도, 자유사상 문학에도 모두 비판적이었다. 그의 일기(1658년)에는 "진정한 문학은 살롱의 장식도, 시장의 욕설도 아니다"라는 기록이 남아 있다. 특히 1660년대 초반 그는 몰리에르의《우스꽝스러운 프레시외즈들》(1659년)이 프레시오지테를 풍자한 점에 공감하면서도, 동시에 그 새로운 형태의 희극이 지닌 '저속함'을 비판했다.

---

4 풍자와 더불어 웃음을 사고 유발의 도구로 사용하는 문학 장르들이다('부록 1' 참조).

2. 부알로의 삶

유년기와 청년기 교육

부알로는 프랑스 파리에서 1636년 열여섯 형제 중 열다섯째로 태어났다. 그의 집안은 법조 명문가로, 할아버지와 아버지는 모두 법관이었다. 아버지 질 부알로(Gilles Boileau, 1599~1657년)는 파리고등법원 서기관이었고, 어머니 안 데프레(Anne Desprès, 1605~1672년)는 젊은 시절 포르루아얄 수도원에서 교육을 받은 독실한 장세니스트였다. 어머니는 아들에게 라틴어 성경을 필사하게 하는 등 엄격한 종교 교육을 시켰으며, 아버지는 법관이나 사제가 되도록 종용했다.

그러나 부알로가 열 살이 되던 1646년, 가정교사로 초빙된 장 아르노Jean Arnault가 그에게 유물론적 에피쿠로스 사상과 실험적 과학정신을 가르쳤고, 부알로는 매우 흥미롭게 이 수업을 들었다고 전해진다. 장 아르노는 17세기 프랑스의 모든 자유사상가에게 절대적 영향을 끼친 피에르 가상디Pierre Gassendi의 제자였다.

부알로의 유년기는 30년 전쟁(1618~1648년)의 여파가 남아 있던 혼란스러운 시기와 겹쳤다. 그가 열한 살에 입학한 다르쿠르중학교Collège d'Harcourt는 당시 파리에서 가장 진보적인 교육을 실시하던, 예수회가 운영하는 학교였다. 여기서 라틴어와 그리스어 고전을 공부하던 그는, 법학공부를 준비하기 위해 보베중학교collège de Beauvais로 전학을 갔다. 3학년 때 처음 접한 호라티우스의《시학》은 그의 문학 인생에 결정적인 전환점이 되었다.

흥미롭게도 부알로의 형제 중에는 문학적 재능을 가진 사람들이 있었다. 변호사였던 큰형 질(Gilles, 1631~1669년)은 풍자 시인으로 활동했다. 박식한 신학자이자 사제였던 바로 위의 형 자크(Jacques, 1635~1716년)는 이탈리아 코미디에 대한 식견이 매우 깊었던 것으로 전해진다. 특히 질 부알로는 후일 아카데미 프랑세즈의 회원이 되었다. 그는 니콜라 부알로에게 문학적 자극을 주었고, 든든한 후원자가 되어 주었다.

1660년경에 작성된 것으로 보이는 가문의 장서 목록에는 1,200권 이상의 책이 기록되어 있는데, 그중 60%가 법률서적이었고, 30%는 문학작품이 차지하고 있었다. 특히 호라티우스《시학》의 1549년 판본에서는 부알로의 친필 주석이 163건이나 발견되었다고 한다.[5]

1655년 부알로가 부친으로부터 법학 공부를 강요받던 시기, 그의 일기에는 "법정의 거짓말은 문학의 진실과 양립할 수 없다"는 기록이 빈번히 등장한다. 1656년에는 아버지의 요구로 소르본대학 신학과에 입학하고 변호사협회 수습생으로 등록했지만, 곧바로 "변호는 진실을 호도하는 기술"이라며 협회를 뛰쳐나왔다. 이 무렵 그의 서

5 Voltaire, *Siècle de Louis XIV*, sur archive.org〔archive〕, Paris, Charpentier, 1874, pp. 580~581.

신에는 "나에게는 시인의 피가 흐르지만, 아버지는 그것을 수치로 여기고 있다"라는 고백이 남아 있다.

아버지가 돌아가신 1657년 소르본대학을 졸업하고 변호사 자격을 취득했지만 실제로 변호사 활동을 한 기록이나 흔적은 보이지 않는다. 아버지가 남긴 유산으로 연간 1,500리브르[6]의 이자 수입을 받을 수 있게 되면서 좋아하던 문학에 전념하기 시작한다. 그를 문단에 알린 《풍자시》 시리즈를 쓰기 시작한 것도 바로 이때였다.

왕실역사기록관 임명(1677년)

1677년 1월, 부알로는 루이 14세의 '왕실역사기록관Historiographe du Roi'으로 임명되며 연 2,000리브르의 연금을 받게 되었다. 명실상부 당대 최고의 영향력을 지닌 문인이자 지식인으로 인정받은 셈이었다. 이 직책은 왕의 전쟁과 주요 정책을 기록하는 역할로, 같은 해 비극작가

---

6 당시 1리브르는 목수와 같은 숙련 노동자의 하루 일당이었고, 빵 5~10kg을 살 수 있는 돈이었다. 당시 파리 중산층 부르주아 가정의 연평균 수입은 800리브르 정도였다. 1리브르가 현재 약 30~60유로로 환산되므로, 1,500리브르는 4만 5,000 내지 90만 유로에 해당하는 돈이다. 전성기의 몰리에르에게 궁정에서 주는 연금이 4,000리브르였으며, 라신은 1,500리브르였다. 부알로가 루이 14세의 왕실역사기록관이 되었을 때 궁정에서 받은 연금은 2,000리브르였다. 대귀족의 경우, 예컨대 루이 14세의 동생 오를레앙 공작의 경우 궁정 연금이 5만 리브르에 달하기도 했다.

장 라신도 함께 임명되었다. 그러나 이 직위는 우리 조선의 왕실 사관이 했던 역할과는 크게 달랐다. 그들의 임무는 단순했다. 역사 기술이라는 명목 아래 '태양왕'의 정치적 치적과 전쟁의 영광을 찬양하는 프로파간다를 만드는 일이었다.

1678년, 부알로는 임무 수행차《루이 대제의 전쟁》집필을 위해 네덜란드 전선을 직접 찾았다. 그러나 그의 눈에 들어온 것은 궁정에서 상상했던 정복자의 영광이 아니라 전쟁의 비참한 현실이었다. 폐허가 된 마을, 흙과 피비린내, 공포에 질린 민중들의 눈빛 … . 그는 자신의 기록이 '승리의 영광'이 아니라 '전쟁의 비참함'에 대한 것이어야 함을 깨달았다.

그는 왕에게 제출하는 공식 보고서 대신, 자신의 양심에 따른 비공개 보고서를 써 내려갔다. 부알로는 루이 14세에게 "역사는 승자의 찬가가 아니라 진실의 기록이어야 한다"는 소신을 담은 비공개 보고서를 제출했다. 왕의 통치를 무조건 미화하기보다는 객관적이고 진실한 기록을 남겨야 한다는 그의 양심적 판단 때문이었을 것이다. 그러나 결국, 이 보고서는 왕의 노여움을 사고 말았고, 부알로가 기획했던《루이 대제의 전쟁》은 끝내 완성되지 못했다.

궁정 생활과 창작 위기(1680~1684년)

1680년대 초반, 부알로는 궁정의 암투에 점차 회의를 느끼기 시작했다. 1682년 일기에는 "베르사유의 거울은 진실을 비추지 못한다"는 기록이 남아 있다. 이 시기에 그의 창작 활동은 거의 멈춘 상태였다. 1684년《풍자시》제12편에서 "진실은 궁정의 화려한 커튼 뒤에 가려져 있다"고 쓴 것은 사실상 은퇴 선언으로 읽힌다. 특히, 알프스산맥을 묘사한 "인간의 다툼은 장엄한 자연 앞에서 개미 싸움에 불과하다"라는 구절은 왕의 대외 정책을 풍자한 것으로 해석되어 논란을 일으켰다.

1687년 1월 27일 샤를 페로가 프랑스 아카데미에서 "현대가 고대보다 우월하다"는 시를 낭독하며 '신구논쟁Querelle des Anciens et des Modernes'이 본격화되었다. 부알로는 즉시 고대파 선봉에 서며《수사학자 롱기누스의 시구에 대한 소고*Réflexions critiques sur quelques passages du rhéteur Longin*》(1688년)를 발표해 호메로스와 베르길리우스를 옹호했다. 이 작품은 앞서 언급한 롱기누스의《숭고론》의 번역본에 자신이 쓴 서문을 보완하여 별도로 출판한 것이었다. 근대파와의 지난한 논쟁은 1690년대 중반까지 이어졌다.

1690년대 들어 부알로는 점차 종교적 작품에 집중했다. 1695년 성서의《시편 제148편》을 운문으로 번역했으며, 1698년에는 자서전적 시집《회한*Les Regrets*》에서 "문학적 명성보다 영혼의 구원이 중요하다"고 고백했다. 1700년 성탄절에 쓴 편지에는 "내가 젊었을 때

추구한 '자연'은 실상 신의 창조물을 이해하는 길이었다"는 내용이 담겨 있다.

1701년, 65세의 부알로는 볼테르Voltaire(당시 7세)를 포함한 젊은 문인들을 지도하기 시작했다. 그의 교육법은 엄격하기로 유명했는데, 제자들에게 호라티우스의 시를 필사하게 한 후 "단 한 줄이라도 자연스럽지 않으면 새벽까지 다시 쓰게 했다"는 기록이 남아 있다.

1706년 3월, 부알로는 생애 마지막 작품《서간시》제12편을 완성했다. 이 시에서 70세 노작가는 "진정한 시인은 영혼의 거울이어야 한다"며 평생의 문학관을 정리했다. 특히 "내가 젊어서 풍자한 모든 위선은 결국 나 자신에게 돌아왔다"는 자조적 고백은 깊은 울림을 준다.

1707년 가을, 부알로는 심장 질환으로 쓰러진 후 현재 파리의 에펠탑과 블로뉴숲 사이 한 언덕에 자리 잡은 자신의 별장에서 칩거 생활을 했다. 그의 마지막 일기(1710년 12월 24일)에는 "베르사유의 분수 소리가 들리지만, 이제 나에게는 시냇물 소리가 더 귀에 밟힌다"는 기록이 있다.

1711년 3월 13일 새벽, 부알로는 파리 중심부의 생제르맹 데프레 자택으로 돌아와 조용히 숨을 거두었다. 장례식은 3월 15일 생테티엔뒤몽 교회에서 열렸으며, 당시 17세였던 볼테르가 추도시를 낭독했다. 유해는 후에 페르 라셰즈 묘지로 이장되었으며, 묘비에는《시학》의 제1가 75~76행의 다음 내용이 새겨져 있다.

경쾌한 목소리로 자신의 시구에서 장중함과 감미로움을,

익살스러움과 엄숙함을 넘나들 줄 아는 이는 얼마나 행복한가!

(Heureux qui, dans ses vers, sait d'une voix légère

Passer du grave au doux, du plaisant au sévère)

3. 문학적 삶

부알로는 아버지의 사후 파리의 랑부이예나 스퀴데리의 문학살롱에서 프레시오지테풍의 문학 세계를 경험하며 본격적인 문학 수업을 시작했다.

그러나 1959년 11월, 몰리에르 극단의 공전의 히트작 《우스꽝스런 프레시외즈들》을 접하게 되면서 그는 프레시오지테적 문학에 대한 몰리에르의 회의적 입장에 공감하게 된다. 풍자시에 전념하고 있던 부알로에게 풍자와 패러디 그리고 뷔를레스크가 흥미롭게 어우러진 이 근대적 코미디는 현실적 리얼리즘, 즉 '자연'에 대한 확고한 취향을 형성하는 계기가 되었다.

부알로의 문학 작품은 세부 장르에 따라 일곱 가지 범주로 나눌 수 있다. 첫째, 《풍자시*Satires*》로, 1666년부터 1716년까지 발표된 총 12편의 시로 구성된 시집이다.

둘째, 《서간시*Épîtres*》는 1670년대부터 1690년대까지 집필된 시적 편지 형식의 작품으로, 인물과 상황을 우의적으로 풍자한다.

셋째, 《르 뤼트랭*Le Lutrin*》은 1674년부터 1683년 사이에 집필된 희극적 서사시로, 성당의 제단보를 둘러싼 사소한 다툼을 뷔를레스크 형식으로 풍자한 작품이다.

넷째, 《시학》(1674년)과 《숭고론》(1674년)은 고전주의 문학의 이론적 토대를 마련한 비평적 저술이다.

다섯째, 《소설 주인공들에 관한 대화*Dialogue sur les héros de roman*》(1688/1713년)와 《롱기누스에 대한 비평적 성찰*Réflexions critiques sur Longin*》(1694~1710년)은 대화체와 에세이 형식을 통해 문학적 기준을 탐구한 작품이다.

여섯째, 《샤를 페로에게 보낸 편지*Lettres à Charles Perrault*》(1700년)는 '신구논쟁' 속에서 자신의 입장을 드러낸 서간집이다.

마지막으로, 《아레 뷔를레스크*Arrêt burlesque*》(1671년)와 초기의 다양한 시들은 공동 창작 혹은 번역을 통해 이루어진 작품으로, 그의 문학적 실험의 궤적을 보여 주는 자료들이다.

풍자시

부알로를 세상에 작가로 알린 작품은 《풍자시》다. 1657년부터 작성되기 시작한 이 풍자시들은 그의 생애 전반에 걸쳐 증보되었으며, 공식적으로 세 차례에 걸쳐 출판되었다.

1660년 12월, 《풍자시》 제1편이 익명으로 출간되었다는 주장이 있지만, 이를 증명할 만한 사료는 없다. 실질적으로 확인되는 초판은 1666년 《D. 선생의 풍자시*Satires du Sieur D.*》라는 제목으로 출간된 풍자시집이다. 이 초판에는 제1편부터 제7편까지가 실렸다. 각 시의 길이는 짧게는 96행에서 길게는 236행에 이르며, 파리의 도덕적 부패, 문학적 허영, 귀족 사회의 위선 등 다양한 주제를 담고 있었다. 이 시기의 작품들은 당시 문단 권력자들을 직접적으로 풍자했기 때문에 큰 논란을 불러일으켰다.

이어서 1668년에는 제8편과 제9편이 증보되어 출간되었다. 이 두 작품은 300행이 넘는 장편으로, 인간의 본성과 사회적 질서에 대한 철학적 성찰을 담았다.

그 후 한동안 침묵을 이어가다가 1693년에는 긴 길이의 제10편을 추가했는데, 700행이 넘는 분량으로 '여성 비판'을 주제로 삼아 당대에 꽤 큰 사회적 논란을 촉발시켰다. 1701년에는 제11편이 발표되었다. 약 200행으로 비교적 짧은 분량이며, 명예와 덕의 진정한 의미를 탐구하는 도덕적 풍자를 담았다.

마지막으로 부알로의 사후 1716년에 제12편이 출간되었다. 약 340행으로 구성된 이 작품은 출간과 동시에 곧바로 금서 조치를 받았다. 종교적 이론의 모호함을 비판하며 예수회 신학을 직접 겨냥했기 때문이었다.

〈표 2〉《풍자시》의 출간 과정 및 내용

편수	집필(추정)	출간	행수	내용
I	1657년	1666년	164행	파리를 떠난다는 화자를 통해 파리의 도덕적 부패와 위선을 풍자
II	1662년	1666년	100행	몰리에르를 찬미하며, 프레시에주의 작가들(Chapelain, Scudéry 등)을 비판
III	1663년	1666년	236행	형편없는 저잣거리 만찬을 묘사하며 문단의 허영을 풍자
IV	1663년	1666년	128행	인간의 어리석음과 자기 확신의 허구성을 성찰적으로 탐구
V	1663년	1666년	144행	귀족의 '허울뿐인 고귀함'을 풍자, 행동으로 입증되지 않는 명예를 비판
VI	1663년	1666년	126행	혼잡하고 불안정한 파리의 도시 생활을 생생하게 묘사하며 풍자
VII	1665년	1666년	96행	정작 칭찬하기 어려운 상황에서조차 풍자하게 되는 작가의 본성적 갈등 고백
VIII	1667년	1668년	308행	인간이 동물보다 도덕적으로 우월하지 않다는 역설적 시각과 비판
IX	1668년	1668년	322행	자기 내면과의 대화를 통해 풍자의 정당성과 사회적 역할을 정당화
X	1693년	1693년	738행	'여성에 대한 비판'을 중심으로 한 장대한 풍자극
XI	1701년	1701년	206행	명예와 진정한 덕의 의미를 모색하는 도덕적 풍자
XII	미상	1716년 (사후)	346행	'모호함equivocation' 비판, 예수회 신학을 겨냥해 출간 금지됨

부알로의《풍자시》는 17세기 프랑스 고전주의 문학의 정립 과정에서 결정적인 역할을 수행하였다. 무엇보다 이 작품은 단순한 시적 풍자를 넘어, 문학은 명료성과 질서를 근간으로 해야 한다는 고전주의 미학의 원리를 구체적으로 제시하고 있기 때문이다. 부알로는 호라티우스와 유베날리스의 전통을 현대적으로 계승하면서도, 이를 당대 프랑스 사회와 문학 현실에 적용함으로써 풍자시를 단순한 모방이 아닌 새로운 비평 장르로 승화시켰다.

《풍자시》는 이후 유럽 문학에 지속적인 영향을 미쳤다. 영국의 드라이든과 포프는 부알로의 비판적 시각을 통해 고전주의적 시각과 비평 정신을 수용하였다. 계몽주의와 낭만주의 시대에는 고전주의의 경직된 가치관은 비판의 대상이 되기도 했지만,《풍자시》는 여전히 동일 장르의 모범으로 간주되었다.

서간시

부알로의《서간시*Épitres*》는《풍자시》와 함께 그의 고전주의적 문학관을 이해하는 데 핵심적인 자료를 제공한다.《풍자시》가 신랄한 어조로 당대 문학계와 사회의 허위를 공격했다면,《서간시》는 보다 성숙하고 차분한 어조로 문학과 삶에 대한 교훈적 성찰을 담아내고 있다.

무엇보다《서간시》의 가장 큰 특징은 고전적 전통의 계승과 그 현대적 변용이다. 부알로는 로마 시인 호라티우스를 모델로 삼아, 시를 통해 철학적·도덕적 교훈을 전달하는 방식을 그대로 이어받았다. 그러나 그는 단순한 모방에 그치지 않고, 이를 17세기 프랑스 사회와 문학 현실에 맞게 재해석했다. 라신에게 바친 서간시에서는 고대 비극의 규율과 가치를 계승하면서도, 그것을 넘어 동시대 프랑스의 사회적 통념Bienséances과 동시대적 가치를 반영한 미학적 성취를 격려한다.

라신, 그대는 배우의 예술을 통해
관객을 감동시키고, 놀래키며 사로잡을 줄 아는구려!
아울리스에서 희생된 이피게네이아도
그리스 관객에게 그토록 많은 눈물을 흘리게 하진 못했지
우리 눈앞에 펼쳐진 그대의 성공적인 공연에서
샹멜레가 같은 역할을 맡아 흘리게 한 그 눈물만큼은.
(Que tu sais bien, Racine, à l'aide d'un acteur,
Émouvoir, étonner, ravir un spectateur!
Jamais Iphigénie, en Aulide immolée,
N'a coûté tant de pleurs à la Grèce assemblée,
Que dans l'heureux spectacle à nos yeux étalé
En a fait sous son nom verser la Champmeslé.
-Épître VII "À Monsieur Racine")[7]

《서간시》는 문학 비평을 새로운 방식으로 시도한 작품이다. 그는 시적 형식 속에 자신의 문학 비평을 녹여냈다. 이 과정에서 부알로는 문학 비평이 단순한 논평이 아니라 예술적 장르로도 구현될 수 있다는 가능성을 보여 주었다. 그의 서간시는 특정 인물에게 보내는 편지의 형식을 취하지만, 실제로 그가 상정한 편지의 수신인은 모든 독자였다. 따라서 이 작품은 문학적 아름다움과 비평적 성찰을 결합한 독특한 장르적 실험이자, 18세기 이후 문학에 대한 대중의 참여를 통해 획득될 문학 비평의 독립성을 기초한 중요한 사례로 평가된다.

또한《서간시》는 부알로 문학 세계의 도덕적 지향성을 가장 잘 드러낸다.《풍자시》에서 그는 동시대 문학과 사회의 위선을 신랄하게 비판했지만,《서간시》에서는 보다 건설적인 교훈을 제시한다. 인간의 탐욕, 허영, 권력욕을 비판하면서도 그것을 단순히 조롱하지 않고, 덕

---

7 장 라신의《이피제니 *Iphigénie*》는 고대 그리스 비극작가 유리피데스의《아울리스의 이피게네이아》를 원전으로 한 작품이다. 트로이전쟁이 시작될 무렵, 그리스군은 아울리스 항구에 발이 묶인다. 선지자 칼카스는 아르테미스 여신이 분노하여 바람을 막았으니 아가멤논이 자신의 딸 이피게니아를 제물로 바쳐야만 한다고 예언한다. 아가멤논은 갈등하다가 결국 딸을 속여 데려온다. 그러나 아가멤논의 아내 클리타임네스트라는 진실을 알게 되고 절규한다. 이피게니아는 처음에는 두려워하지만, 나중에는 그리스의 승리를 위해 자발적으로 희생하기로 결심한다. 라신은 이 작품을 17세기 프랑스 사람들의 정서에 부합하는 내용으로 개작하여 큰 성공을 거둔다. 당시 배우 마들렌 샹멜레가 이피게네이아 역을 맡아 큰 감동을 주었다고 전해진다.

과 규율, 그리고 문학의 진정한 가치를 강조한다. 문학이 단순한 오락이나 미적 쾌락을 넘어 사회와 독자를 교화하는 기능을 수행해야 한다는 그의 문학적 가치에 대한 확신을 반영한 것이다. 바로 이 점에서 부알로의 《서간시》는 "즐거움과 가르침plaire et instruire"이라는 고전주의 문학의 이상을 가장 충실히 구현한 작품이라고 평가될 수 있다.

《강론대》

《강론대*Le Lutrin*》는 "희극적 서사시"라는 부제가 붙어 있는 서사시(총 분량은 1,228행의 알렉상드랭) 형태의 노래Chant 여섯 편으로 구성된 시집이다.

이 작품의 내용은 파리 생트샤펠Sainte-Chapelle의 참사회Chapter에서 진행된, 설교대lutrin를 어디에 위치시키느냐의 문제를 두고 일어난 구성원들 간의 논쟁이다. 부알로는 이 일상의 사소한 사건을 영웅적 전투로 희화화하여 묘사함으로써 풍자의 기반을 마련한다. 작품은 다음과 같이 시작된다.

> 나는 노래하노라 전투를, 그리고 저 끔찍한 고위 성직자를,
> 쓰잘데기 없는 긴 논쟁으로 참사회를 흔들어대는 그자를.
> (Je chante les combats, et ce Prélat terrible
> Qui, par ses longs débats, mit le Chapitre en trouble. - Chant I)

이 구절은 호메로스의《일리아스》나《오디세이》같은 고대 그리스 서사시의 서두를 닮았다. 그러나 실제 내용이 교회 관계자 간의 설교대 배치 문제에 대한 다툼이라는 하찮은 일에 불과하다는 점에서, 이 작품은 장엄한 형식과 하찮은 내용의 불균형을 통해 웃음을 유발하는 패러디의 형식의 전형이다. 부알로는 신화적 장치와 알레고리를 활용하여 교회 내부의 분쟁을 과장한다.

두 번째 서사시에서 불화의 악령이 성직자들의 논쟁을 조장하는 대목은 서사시 전통의 신적 개입divine intervention을 모방하지만, 신이 개입하는 지점은 사소한 일상적 분쟁이다. 부알로는 이를 통해 성직자 사회의 권력 다툼을 과장하여 웃음을 이끌어낸다.

> 불화의 품에서 한 악령이 솟아나,
> 참사회 안으로 들어가 소란을 흩뿌려 놓으리니.
> (Du sein de la Discorde, une Démon sortit,
> Qui dans le Chapitre alla semer le bruit.- Chant II)

부알로는 성직자들의 무능과 허영을 겨냥하기도 한다.

> 그곳에서 위엄을 갖추고 졸고 있던 모든 신학자들이,
> 설교대의 소란으로 잠을 깬다.
> (Là, d'un air important, chaque docteur sommeille,
> Et du bruit d'un Lutrin se réveille. - Chant III)

《강론대》는 고전주의 문학의 규범인 명료성, 질서, 균형을 준수하면서도 풍자적 아이러니를 성공적으로 구현한 작품이다. 동시에 이 작품은 프랑스 문학에서 모의 서사시 장르를 본격적으로 정립하였으며, 성직자 사회의 일상적 권력 다툼을 고전 서사시의 장엄한 양식으로 포장함으로써 풍자의 효과를 극대화했다. 작품의 세부 내용은 〈표 3〉과 같다.

〈표 3〉《강론대》의 세부 내용

노래	창작 연대	내용
제1편	1672~1673년경	생트샤펠 교회의 참사회에서 설교대의 위치 문제를 두고 갈등이 시작된다. 부알로는 이를 영웅적 전투의 서두처럼 묘사한다.
제2편	1672~1673년경	불화의 악령이 갈등을 조장한다. 신화적 장치가 동원되어 성직자들의 다툼을 '우주적 전투'처럼 과장한다.
제3편	1673~1674년경	성직자들의 파벌 싸움이 격화된다. 무의미한 다툼이 권력과 자존심 문제로 확대된다. 풍자의 강도가 높아진다.
제4편	1673~1674년경	성가대장과 참사회 인사들이 등장하며 대립이 심화된다. 사건이 더욱 장엄한 어투로 포장되지만 사소함이 두드러진다.
제5편	1683년	논쟁이 점차 결론을 향해 간다. 성직자들의 허영과 권위 다툼이 노골적으로 드러나 풍자의 절정을 이룬다.
제6편	1683년	다툼은 뚜렷한 결론 없이 끝난다. 설교대 문제는 여전히 해결되지 않고, 성직자 사회의 허위와 무능이 드러나며 작품이 마무리된다.

르네상스 이후 프랑스 문단에서 산재하던 문학적 논의들을 집대성한 부알로의 《시학*L'Art poétique*》(1674년)은 총 4편의 장시로 구성되어 있다.

제1장은 기초와 원리에 관한 일반론이다. 시인의 소질과 기본적인 시 창작법에 대한 이야기로 시작되는 이 장에서 부알로는 시인이 갖추어야 할 재능의 중요성과 시의 내용과 형식에 이성이 우선해야 함을 강조한다. 형식의 정확성을 위해 적절한 어휘 선택, 운율의 배치 등에 관하여 그리고 내용에 있어 통일성과 간결함을 위해 장황함을 피하고, 단어의 위치를 신중히 해야 함을 당부한다.

제2장과 제3장은 구체적 적용을 위한 각론에 해당된다. 목가, 비가, 비극, 서사시 등 주요 장르를 언급하며 장르별 특징과 올바른 창작법을 제시한다. 모든 장르는 그 고유성을 잃지 말아야 하며 그 고유성을 유지하지 위해 만들어진 규칙을 준수할 것을 요구한다. 가장 많은 분량을 할애한 비극에 관해서는 '삼일치 법칙règle des trois unités'(행동·시간·장소의 통일)을 강조하고, 등장인물의 성격이 일관되어야 하며, 관습을 지켜야 한다고 주장한다. 서사시와 관련해서는 장엄한 스타일과 놀라운 사건을 다루되, 허구라도 믿음을 줄 수 있어야 한다는 점을 강조한다.

제4장은 종합과 완성으로 시인의 사명과 사회적 역할을 강조하는 부분이다. 시인은 단순한 예술가가 아니라, 진리를 말하고 사회의 모

순을 비추는 사명을 가진 존재여야 한다. 시인에게는 군주나 권력자의 비위를 맞추기보다 진실을 말하는 용기가 필요하다. 진정한 명성은 철저한 작업과 시간의 시험을 거쳐 얻어지는 것임을 상기시키며 이 모든 것을 실천하기 위해서는 근면함, 성실함, 이성에의 복종이 필수적임을 재차 강조하며 작품을 마무리한다.

《시학》에서는 '이성raison', '자연nature', '규범règles'을 문학 창작의 핵심 원리로 강조한다. 시인은 상상력에만 의존하는 것이 아니라 보편적 이성에 부합해야 하며, 자연의 질서와 조화에 따를 것을 요구했다. 동시에 시와 연극의 장르별 규칙을 명문화하여 고전주의 문학 이론을 정립했다.

데카르트적 이성주의에 절대적 영향을 받았던 17세기 프랑스의 지적 풍토에서 자연은 인간 이성이 이해하고 체계화할 수 있는 합리적 질서의 대상으로 재해석되었다. 부알로 역시 이러한 사상적 흐름 안에서 자연 개념을 설정하고 있으며, 그의《시학》은 이성에 의해 정제되고 규범화된 자연의 모방을 제시한다. 따라서 부알로가 말하는 '자연'은 단순한 경험적 현실이 아니라, 보편적 이성과 조화를 이루는 이상적 질서를 의미하는 것이다. 하지만 그 개념은 거기서 멈추지 않고 더 확장된다.

부알로는 자신의 문학 이론을 정립하는 과정에서 데카르트의 철학으로부터 절대적 영향을 받았다. 문학 이론을 위한 철학의 수용은 단순한 부분적 차용에 그치지 않았고, 문학적 가치를 만들어 내기 위한 규범과 패러다임 자체를 재구성하는 수준에 이르렀다. 데카르트가 제시한 철학적 원칙들이 문학 창작과 비평의 조직적 규범으로 재탄생하는 과정은《시학》속에서 매우 분명하게 드러난다.

첫째, 부알로는 이성을 진리 탐구의 최종 기준으로 설정한 데카르트의 주장을 그대로 문학 이론으로 받아들인다.

> 그러니 이성을 사랑하여 그대 글의 광채와 가치는
> 항상 오로지 이성에서만 빌려오기를.
> (Aimez donc la raison ; que toujours vos écrits
> Empruntent d'elle seule et leur lustre et leur prix.
> - Chant I, v. 37~38)

문학적 가치가 상상력이나 전통적 규범이 아니라 보편적 이성에 의해 규정되어야 한다는 점을 강조하는 이 두 구절은 데카르트의 이성주의가 문학에 직접 적용된 예다. "명증하고 분명한 인식"이라는 철학적 원리를 "명료하고 설득력 있는 표현"이라는 문학적 원리로 전환시킨 것이다. 데카르트의《방법서설》이 철학 지침서라면, 부알로의《시학》은 문학 지침서인 셈이다.

그러나 "이성에 대한 사랑"은 단순히 차가운 논리를 숭배하라는 뜻은 아니다. 글이 "진정한 광채와 가치"를 지니기 위해서는 단순한 재능이나 감정의 과잉, 혹은 기교의 화려함이 아니라, 이성의 통제와 여과가 필요하다는 의미다. 이성은 감정을 질서 있게 배열하고, 생각을 명료하게 드러내며, 타인과의 소통을 가능하게 하는 장치다. 부알로는 이렇게 문학에서 이성을 보편적 상식이 아니라, 작품의 구조와 내용을 규율하는 '보편적 법칙'의 지위로 격상시킨다. 데카르트에게 이성이 진리 탐구의 '방법'이었다면, 부알로에게 이성은 미적 가치 창조의 '원리'가 된다. 문학적 가치Lustre et Prix는 감정의 날것 그대로를 표출하는 데 있는 것이 아니라, 이성이 무질서한 감정들을 논리적 구조 속에 질서 있게 배열하고 명료하게 드러내는 그 지점에서 생겨난다.

둘째, 데카르트의 인식론에서 중요한 원칙인 '명료성과 판명성clarté et distinction'은 부알로에게 있어 문학적 표현 규범으로 적용되었다. 데카르트는《방법서설》제2부에서 "명료하고 판명하게 인식되는 것만을 참된 것으로 받아들이기로 결심하였다"고 선언한 바 있다. 이는 인식의 기준을 불투명한 권위가 아니라 인간 이성이 제공하는 명증성에 두려는 태도였다. 부알로는 이 원칙을 언어적 표현에 적용한다.

명확히 이해된 것은 명료하게 표현되고,
그 표현을 위한 단어들은 쉽게 떠오른다.
(Ce que l'on conçoit bien s'énonce clairement,
Et les mots pour le dire arrivent aisément.
- Chant I, v. 153~154)

부알로가 강조하는 사고의 명확성과 언어의 명료성의 관계는 단순한 표현의 문제를 넘어선, 언어와 사유의 구조적 동일성에 대한 근원적 인식이다. 여기서 사고의 명확성과 언어의 명료성이 불가분의 관계에 있다는 점이 강조된다. 그는 단순히 "잘 생각하면 잘 쓸 수 있다"는 수준을 넘어, 명확한 사유가 명료한 언어 표현의 선행 조건임을 강조한다. 즉, 사유의 내적 명확성이 곧바로 언어적 질서로 전환되는 힘이라는 것이다. 불분명한 사고는 단순한 작문상의 미숙함으로 끝나지 않는다. 사고의 불명확성은 필연적으로 언어적 난해함으로 표출된다. 결국 수사적 과장, 불필요한 장식, 인위적 모호성은 사고의 불투명성을 드러내는 징후일 뿐이다. 부알로의 문체론은 바로 이러한 점에서 단순한 '좋은 글쓰기의 규범'을 넘어, 사유의 명증성을 전제로 한 문학적 원리가 된다. 명확한 사유에서 명료한 표현이 나오는 것이다.

언어는 단순히 감정을 전달하거나 미학적 쾌감을 제공하는 수단에서 멈추는 것이 아니라, 이성의 명증성을 드러내는 담지체로 기능한다는 고전주의적 언어관은 이렇게 부알로에 의해 명료한 언어로 정립된다. 문학적 표현의 기준 또한 인식론적 기준과 동일한 차원에서 설정되며, 언어의 질서와 사유의 질서가 상호 반영되는 구조가 형성된 것이다. 부알로에게 '명료한 표현'은 내면의 진리를 타인에게 분명히 전달할 수 있는 도구였다. 즉, 데카르트가 개인적 인식의 확실성을 추구했다면, 부알로는 공적 소통의 효율성과 완결성을 추구한 것이다. 이로써 '명료성'은 사적 사고의 영역에서 공적 담론의 영역으로 그 장을 옮기게 된다.

셋째, 데카르트의 방법론적 질서ordre는 부알로 시학의 구조적 기반이 되었다.

> 그러므로 쓰기 전에 먼저 생각하는 법을 배워라.
>
> (Avant donc que d'écrire, apprenez à penser.
>
> -Chant I, v. 150)

데카르트에게 '방법론적 질서'는 단순히 사고 과정을 효율적으로 정리하기 위한 절차적 지침이 아니라, 지식을 구성하는 근본 원리이자 체계적 사유의 방법이었다. 《방법서설》에서 그는 문제를 해결할 때 "가장 단순하고 쉬운 것부터 시작하여 점차 복잡한 것에 이르기까지 질서 있게 사고를 진행하라"고 명시한다. 이는 인식의 확실성을 확보하기 위해 사유를 임의적 직관이나 감각에 맡기지 않고, 분석과 종합의 질서에 따라 점진적으로 구축해 나가는 방식을 강조한 것이다.

부알로는 이러한 데카르트적 질서를 문학의 창작 및 비평 체계에 적극적으로 받아들인다. 위의 인용문을 통해 우리가 확신할 수 있는 것은 그가 창작의 출발점이 우발적 영감이나 감정의 충동이 아니라 사유의 명확성과 논리적 구성에 있음을 분명히 하고 있다는 점이다.

여기서 'penser'(생각하다)는 단순히 주제를 떠올리는 차원의 행위가 아니라, 데카르트가 말한 것처럼 사유의 대상을 분석하여 단순한 요소로 분해하고, 다시 질서 있게 종합함으로써 명확한 사유 구조를 형성하는 행위다. 작가가 복잡한 경험, 감정, 사건이라는 원재료를 데카르트식 분석을 통해 구성 요소로 분해한 뒤, 이성의 원리에 따라 필연적 서사 또는 서정의 구조로 재구성해야 함을 의미한다. 이 과정을 거쳐야만 작품은 '무질서한 영감'이 아닌 '미적 필연성'을 갖게 되기 때문이다.

부알로는 이러한 질서를 구체적으로 문학적 형식과 장르 규범에 적용하였다. 그가 특히 비극 장르에서 '삼일치 법칙'을 강조할 때 이는 단순한 극작상의 규칙이 아니라, 문학적 표현과 구조를 합리적 질서 속에 통일시키려는 의도였다. 사건의 집중과 긴밀한 전개를 가능하게 하기 위한 시간의 일치는 단순한 시간적 연속이 아닌 인과관계에 따른 필연적 사건의 연쇄를 요구한다. A 사건이 B 사건을 낳고, B 사건이 C 사건을 필연적으로 초래하는 구조다. 이는 데카르트가 단계별 논증을 통해 진리를 구축하는 방식과 완전히 일치한다. 무질서한 현실을 논리적으로 정련된 예술적 현실로 전환하는 작업이다. 장소의 일치는 공간적 질서를 보장하며, 행동의 일치는 서사의 분산을 방지함으로써 극은 전체의 논리적 질서를 유지한다. 이러한 규범들은 작가의 상상력이나 감정 표현을 억압하기 위한 것이 아니라, 언어와 사건, 형식이 모두 이성의 질서에 종속되는 문학적 구조를 마련하는 데 목적이 있었다.

결국 데카르트의 질서 개념은 부알로에게 있어 단순한 철학적 영향의 차원을 넘어, 문학 작품의 구성 원리, 표현 방식, 장르 규범을 지탱하는 구조적 기반으로 작동한다. 여기서 우리는 문학이 감각적 인상이나 감정의 자발성에 기초하던 전통적인 수사학적 문체관에서 벗어나, 이성과 질서의 원리에 따라 형식적 완결성과 논리적 일관성을 갖춘 언어 예술로 정립되는 과정을 보게 된다. 다시 말해, 데카르트가 인식의 확실성을 위해 사유에 질서를 부여했다면, 부알로는 문학의 품격과 가치를 확보하기 위해 언어와 서사에 질서를 부여한 것이다. 무질서한 영감이나 감정의 격발보다 이성적 사고와 체계적 구성을 우선시하며 그는 장르별 규범과 형식적 완결성을 요구함으로써, 데카르트적 질서 추구 정신을 문학의 형식적 규범으로 구체화했다.

넷째, 이러한 이성, 명료성, 질서의 강조는 부알로의 '자연La Nature'에 대한 개념적 이해에도 반영되었다. 데카르트가 자연을 기계적 법칙의 집합으로 이해했던 것과 유사하게 부알로는 문학에서의 자연 모방을 단순한 사실적 재현으로 보지 않았다. 그에게 자연은 이성에 의해 정제되고 보편적 질서로 환원된 이상적 모델이었다. 따라서 문학의 과제는 현실 세계를 그대로 재현하는 것이 아니라, 이성이 추출한 보편적 진리와 질서를 구현하는 데 있었다. 고전주의 미학에서 자연 모방이 사실주의적 재현과 구분되는 지점이다.

시인은 자신의 시에서 자연을 모방해야 한다.

(Le poète en ses vers doit imiter la nature.

- Chant Ⅲ, v. 359)

부알로가 《시학》에서 강조하는 "자연의 모방"은 단순히 외적 세계를 사실적으로 재현하는 차원을 넘어선다. 그는 시인에게 주어진 임무를 "자연을 모방하되, 합리적 질서에 따라 표현하는 것"으로 규정한다. 여기서 자연은 감각적으로 관찰되는 구체적 대상만이 아니라, 인간과 세계에 내재하는 본질적 질서와 규범을 포함한다. 따라서 《시학》에서 자연 모방은 곧 합리적 질서 구현과 불가분의 관계를 가진다. 부알로에게 문학적 아름다움은 일시적 감각의 환기보다는 인간과 사물의 본질을 드러내는 데 있다. 이는 곧 자연을 단순히 외형적으로 재현하는 것이 아니라, 인간 경험의 보편적 질서를 재현하는 것과 직결된다. 따라서 시인은 개별적이고 우연적인 사건보다는, 인간 본성과 사회 질서에 합당한 인물·행동·정념을 묘사해야 한다. 이런 맥락에서 부알로는 라신이나 코르네유의 비극을 모범으로 삼아, 자연 모방을 "합리적이고 규범적인 질서의 미학"으로 정립한다.

자연 모방과 합리적 질서는 고전주의 문학의 규칙성을 뒷받침한다. 앞서 살펴보았듯이 삼일치 법칙과 같은 극작 규범은 단순한 형식적 제한이 아니라, 자연의 질서와 합리성을 문학 속에서 구현하려는 의도의 산물이다. 부알로는 이러한 규범을 "자연의 질서를 거스르지 않는 범위 내에서 인간의 행위를 재현"하기 위한 원칙으로 간주했다. 즉, 문학의 규칙은 자의적 강제가 아니라, 자연 자체가 지닌 합리적 질서의 반영이자 체현이다.

결국, 《시학》에서 자연의 모방은 데카르트적 합리주의와 결합한 프랑스 고전주의 방식의 미메시스로 요약될 수 있다.[8] 자연은 단순히 관찰되는 외부 세계가 아니라, 인간 이성으로 파악할 수 있는 보편적 진실과 합리적 질서이며, 시인은 이를 모방하여 문학적 형식 속에 구현해야 한다. 부알로는 데카르트 철학의 근본 원리들을 문학적 차원에서 재해석하고 적용함으로써, 17세기 프랑스 고전주의의 이론적 토대를 확립한 것이다. 이성의 최종적 권위, 명료한 표현의 의무, 방법론적 질서, 보편적 자연 모방이라는 네 가지 축은, 데카르트적 합리주의가 문학의 영역에서 구체적으로 실현된 결과라 할 수 있다.

17세기 프랑스 고전주의 문학에서 '자연'과 '이성'은 단순한 소재나 주제가 아니라, 언어와 형식, 사유와 표현의 근간을 구성하는 근본 원리로 기능했다. 중세 이래 자연은 신의 질서와 동일시되는 초월

---

8 《시학》에서 부알로는 이 전통적 미메시스를 단순한 재현 수준에서 그치지 않고, 자연의 본질과 질서를 드러내는 방식으로 재현해야 한다고 강조한다. 즉, 시인은 현실을 모방하면서도, 그 안에 내재된 질서를 선별하고 배열함으로써 자연의 본질을 드러내야 한다는 것이다(Breton, André, *La Poétique de Boileau*, Gallimard, 1947, p. 62).

적 범주였으나, 근대에 자연은 인간 이성에 의해 인식되고 재구성되는 주체적 질서로 전환되었다. 이러한 전환의 철학적 기저에는 데카르트의 인식론이 자리하고 있었다. 그는《방법서설》에서 명료성과 판명성을 진리 인식의 기준으로 제시하고, 질서에 따라 사유를 전개할 것을 요구함으로써, 전통적 권위 대신 인간 이성의 명증성에 근거한 새로운 합리적 방법론을 확립하였다.

부알로는 데카르트 철학의 세 가지 핵심 원리 — 이성의 최종적 권위, 명료성의 인식론적 기준, 방법론적 질서 — 를 문학 이론의 근간으로 삼아, '자연의 모방'을 재정의하였다. 그의 자연은 더 이상 신비에 근거한 목적론적 세계가 아니라, 이성이 분석하고 배열할 수 있는 합리적 세계였다. 따라서 시인의 임무는 자연의 외형을 답습하는 것이 아니라, 그 내부에 숨겨진 보편적 법칙과 본질적 진리를 발견하여 문학적 형식 속에 재구성하는 것이었다.《시학》에 제시된 모든 규범은 궁극적으로 이러한 이성적 자연 모방의 구체적인 실현 방안이었다.

데카르트 철학과 부알로 문학의 관계는 단순한 영향 관계를 넘어, 철학적 이성과 문학적 규범이 구조적으로 상응하는 사례다. 자연은 더 이상 외부의 초월적 실재로서, 혹은 모방되어야 할 객체로서의 대상에 머무는 것이 아니라, 인간 이성이 파악하고 언어를 통해 재구성하는 질서의 원리로까지 그 의미가 확대되었다.

《숭고론*Traité du sublime*》(1674년)은 고대 수사학자 롱기누스Longinus가 기원후 1세기경 집필한 것으로, 고전 수사학 전통 속에서 '숭고le sublime'의 개념을 기술한 내용을 담고 있다.

부알로의《시학》출간과 거의 동시에 번역된《숭고론》은《시학》과 더불어 17세기 프랑스 고전주의 이론의 교과서로 활용되어 왔다. 전자는 문학의 규범과 형식을, 후자는 문학의 숭고와 감동을 강조한다. 이러한 상보적 관계는 고전주의 문학이 추구하던 바가 단순한 규칙의 집합이 아니라, 이성과 감성이 결합된 종합적 미학 세계라고 주장할 수 있는 근거가 된다. 부알로는 숭고함을 단순히 수사학적 기교가 아니라, 독자에게 강렬한 감동과 고양을 불러일으키는 언어의 힘이라 주장한다.《숭고론》의 내용을 도식화하여 정리하면 〈표 4〉와 같다.

부알로가 롱기누스의《숭고론》을 번역한 것은 단순히 고대 문헌을 재발견한 행위를 넘어, 17세기 프랑스 고전주의의 미학적 한계를 극복하고 근대적 미학 개념의 가능성을 열었다는 점에서 중요한 의미를 지닌다. 부알로는 '숭고함'을 고전주의 핵심 가치인 이성에 통합시키는 독창적인 방식으로, 문학이 형식적 완결성을 넘어 독자에게 깊은 정신적 감동을 주어야 함을 강조했다.

이 숭고의 개념은 18세기와 19세기의 낭만주의로 이어지면서 빅토르 위고 문학의 미학적 기준이 된다. 물론, 부알로의 숭고론은 18세기와 19세기의 낭만주의 숭고론과는 분명한 차이점을 보인다.

〈표 4〉《숭고론》 내용의 도식화

구분	내용	설명	대표사례/비고
정의	숭고 le sublime	독자를 압도하고 감동시키는 언어의 힘. 단순한 미문이나 장식이 아니라, 작가의 정신적 규모와 진정한 감정이 결합되어 나타나는 총체적 효과	-
원천 1	웅대한 사유 Grandeur de la pensée	작가의 지적 · 도덕적 규모가 커야 숭고 발현	호메로스, 제우스 묘사
원천 2	정열 Passion	진정성 있는 강렬한 감정이 표현되어야 함	사포의 사랑 노래
원천 3	수사적 기법 Les figures de style	반문, 급전, 도치 등 사고 구조를 격화하는 기법	데모스테네스 연설
원천 4	고귀한 표현 La noblesse de l'expression	은유, 점층법, 도치, 반복 등 문장 표현 기법	호메로스, 비극적 서사
원천 5	구성 La compossion	문장 · 문단 · 운율의 조화, 배치, 리듬을 통해 장엄함 실현	창세기 "빛이 있으라"
숭고를 망치는 요인	과장/허풍, 유치한 잔재주, 냉랭한 감정, 부적절한 격정	진정성과 비례가 결여되면 숭고가 훼손됨	-
작동 방식	주제의 크기 × 감정의 강도 × 표현의 설계	세 요소가 결합될 때 독자에게 강렬한 감동과 정신적 고양 전달	호메로스, 사포, 데모스테네스 등
프랑스 고전주의 수용	부알로 번역 (1674년)	《시학》과 병행해 규범과 격정을 통합, 절제된 숭고 개념 확립	프랑스 비극, 담시, 웅변에 영향
유럽적 파장	근대 미학 발전	버크: 감각 생리학적 숭고 칸트: 수학적 · 역동적 숭고	숭고 개념의 국제적 확장

낭만주의 시대의 숭고함이 자연의 압도적인 힘이나 인간의 무한한 감정에서 비롯된 경외와 전율에 가까웠다면, 부알로의 숭고함은 인간 정신의 통제력과 예술 형식의 완벽성이 결합된 결과물이었다.

17세기 프랑스 고전주의 미학은 진실임직함vraisemblance, 이성raison, 명료함clarté을 핵심 가치로 삼았다. 문학 작품은 자연의 모방을 통해 보편적 진리를 명확하고 논리적으로 표현해야 했으며, 감정의 과잉이나 비이성적 요소는 배제되었다. 반면, 롱기누스가 제시한 숭고함은 '위대한 정신의 메아리'로서 독자를 압도하고 경탄하게 만드는 힘이다. 이는 논리나 이성보다는 작가의 내적 위대함과 열정에서 비롯되는 것으로, 고전주의의 엄격한 규범과는 충돌할 수 있는 여지를 내포한다. 부알로는 이러한 충돌 가능성을 인식하고, 롱기누스의 숭고함을 고전주의 틀 안에서 재해석했다. 그는 숭고함이 무분별한 격정이나 광기가 아니라, 명료하고 정제된 표현을 통해 발현될 수 있다고 주장했다. 부알로에게 숭고함은 다음과 같은 특징을 가졌다.

첫째는 이성과의 조화이다. 부알로는 숭고함이 이성을 무시하는 것이 아니라, 오히려 이성에 의해 정돈되고 통제된 감정의 폭발이라고 했다. 즉, 시인의 격정은 무질서하게 표출되는 것이 아니라, 완벽한 형식적 통제 속에서 절제될 때 숭고미를 창출한다는 것이다.

둘째는 완벽한 형식이다. 부알로는 롱기누스가 제시한 '적절한 배치disposition des mots'의 중요성을 강조하며, 단어 하나하나의 완벽한 배치와 문장의 조화가 숭고함을 낳는다고 설명했다. 이는 단순히 감정의 격발이 아니라, 완성도 높은 예술적 형식이 숭고함의 필수 조건임을 의미한다. 부알로는 이런 해석을 통해 숭고를 '놀라움étonnement'과 '경탄admiration'을 유발하는 요소임을 받아들이면서도, 고전주의 규범과 가치의 틀 속에서 숭고함이 아름다움le beau과 분리되어 독립적인 미적 범주로 구현될 수 있음을 스스로 시를 통해 논증해 냈다.

결국 부알로는 이 작품을 통해 합리성을 기반으로 한 독특한 숭고 개념을 구축함으로써 고대로부터 이어진 숭고함에 대한 논의를 이후 낭만주의 시대 빅토르 위고의 숭고론으로 이어주는 사상적 연결고리 역할을 수행한 것이다.

《소설 영웅들에 관한 대화》와 《롱기누스에 대한 비평적 성찰》

부알로의 문학 세계는 《시학》이 제시한 규범적 원칙 위에 《소설 영웅들에 관한 대화》와 《롱기누스에 대한 비평적 성찰》이 더해지며 완성된다. 대화와 에세이 형식을 취한 이 두 작품은 각각 다른 문학적 대상(소설과 비평)을 다루지만, 공통적으로 이성과 명료함에 기초한 고전주의 미학을 확립하고, 신구논쟁에서 그의 입장을 강화하는 데 중요한 역할을 했다.

부알로의 《소설 영웅들에 관한 대화*Dialogue sur les héros de roman*》(1688/1713년)는 17세기 전반을 풍미했던 바로크 및 프레시오지테préciosité 소설을 풍자하고 비판하는 대화체 형식의 비평서다.

부알로는 마들렌 드 스퀴데리Madeleine de Scudéry의 《클레리Clélie》와 같은 소설이 현실성 없는 과도한 설정과 인위적 감정으로 가득 차 있다고 비판한다. 그는 신화적 영웅을 등장시켜 스퀴데리 소설 속 등장인물의 비현실적 행동과 허황된 사건을 조롱하며, 이러한 소설이 '거짓된 숭고함faux sublime'을 추구한다고 지적한다. 이러한 지적은 당시 대중적 인기를 누리던 소설 장르에서 '진실임직함'과 '이성'이라는 고전주의적 가치가 지켜지지 않고 있음을 지적하려는 시도였다. 그는 소설이 현실을 벗어난 환상으로 독자를 현혹하는 것이 아니라, 있을 법한 이야기를 통해 교훈과 감동을 주어야 한다고 주장한다.

《롱기누스에 대한 비평적 성찰*Réflexions critiques sur Longin*》(1694~1710년)은 그가 1674년 번역한 롱기누스의 《숭고론》에 대한 심도 있는 주석과 논평을 담고 있다. 이 작품은 신구논쟁이 격화되던 시기에 출판되어, 고전주의 미학의 깊이를 입증하는 역할을 했다.

《소설 영웅들에 관한 대화》와 《롱기누스에 대한 비평적 성찰》은 부알로의 문학 세계를 이해하는 데 있어 상호 보완적 위치를 차지한다. 전자가 허위적이고 인위적인 '거짓 숭고'를 배격하며 고전주의 미학이 지양해야 할 것을 보여 주었다면, 후자는 이성과 질서가 결합된 '진정한 숭고'를 정의하며 고전주의 미학이 지향해야 할 것을 제시했다.

두 작품을 통해 부알로는 고전주의가 단순한 형식적 규칙의 모음이 아니라, 진실성에 기초하여 이성적 아름다움을 추구하고, 이를 통해 독자에게 깊은 감동을 선사할 수 있는 힘을 가진 미학이어야 한다고 강조한다. 이는 프랑스의 고전주의가 제한된 한 시대를 풍미한 단순한 문학사조를 넘어, 시공을 초월하는 진정한 의미의 '고전'을 추구하는 넓은 의미의 고전주의라고 주장할 수 있는 근거이기도 하다.

《샤를 페로에게 보낸 편지》

《샤를 페로에게 보낸 편지*Lettres à Charles Perrault*》(1700년)는 프랑스 고전주의 시대 '신구논쟁' 당시 부알로가 자신의 입장을 드러낸 서간집이다. 신구논쟁은 문학의 본질과 가치가 고대 작가들의 모범에 있는지, 아니면 근대 작가들의 혁신에 있는지를 두고 벌어진 미학적 대립이었다. 이 충돌은 단순히 과거와 현재의 우열을 가리는 문제를 넘어, 문화예술적 진보progrè와 보편성universalité이라는 두 근본적 가치를 시험대에 올려놓은 사건이었다.

편지는 주로 페로의《루이 대왕의 세기*Le Siècle de Louis le Grand*》에 대한 반박의 형식을 취한다. 페로는 이 작품에서 루이 14세 시대의 문학이 고대인들의 작품을 능가한다고 주장했다. 이에 대해 부알로는 다음과 같은 핵심 논점을 제시하며 고대파의 입장을 옹호한다.

부알로의 논리는 명확하다. 예술은 기술과 달리 발전하는 것이 아니라, 이미 그 정점이 제시되어 있으며, 고대 그리스·로마 시대에 예술은 이 정점에 도달한 것이라는 주장이었다. 고대 작가들은 인위적 규칙을 따르기보다 '자연la nature'의 보편적 아름다움과 진리를 직접적으로 모방했기 때문에, 그들의 작품은 완벽하고 시대를 초월하는 영감을 준다는 것이다. 부알로는 호메로스, 베르길리우스와 같은 작가들이 완벽하게 구현한 '숭고함'의 힘을 근거로 제시하며, 근대 작가들은 그들의 위대함을 모방할 뿐이라고 말한다.

부알로에게 아름다움le beau은 진리le vrai와 마찬가지로 시대를 초월하여 변하지 않는 보편적 가치였다. 즉, 호메로스, 베르길리우스 같은 고대 작가들의 작품이 여전히 감동을 주는 것은 그들이 이러한 보편적 진리를 완벽하게 구현했기 때문이라는 것이다.

생애 후반기에 집필된 이 편지들은 그가 평생에 걸쳐 견지해 온 고전주의 미학 원칙을 가장 명료하고 간결하게 요약한 최종적 결론이었다. 이 편지들을 통해 우리는 부알로가 단순히 원칙을 세우고 그것을 고수하려는 보수주의자가 아니라, 시대를 초월하는 예술적 진리를 추구했던 넓은 의미의 고전주의자였음을 재확인할 수 있다.

《아레 뷔를레스크》

이 작품은 부알로의 초기 시들과 더불어 그의 문학적 실험의 궤적을 보여 주는 자료이다. 《아레 뷔를레스크*Arrêt burlesque*》(1671년)는 17세기 프랑스 사회의 법정 판결문을 패러디한 풍자시다. 부알로는 이 작품에서 복잡하고 권위적인 법률 용어를 차용하여 우스꽝스럽고 무의미한 판결을 묘사한다. 여기 등장하는 법관들은 중요한 문제에는 침묵하고 사소한 문제에만 매달리는 불합리하고 위선적인 모습으로 그려진다. 이 작품은 단순히 사회를 풍자하는 것을 넘어, 부알로가 평생 강조할 '명료함clarté'의 중요성을 역설한다. 그는 난해하고 현학적인 문체가 진실을 가린다고 비판하며, 간결하고 명확한 언어가 가진 힘을 역설적으로 증명했다.

부알로의 초기 시들은 이후 전개될 그의 문학 세계의 서막이었다. 이 서막에서 그는 단순히 문학이론을 그러모은 이론가에 머물지 않고, 직접 예술 창작을 통해 자신의 비평적 신념을 실천하는 예술가가 될 것임을 예고하고 있었다.

4. 부알로의 문학적 유산과 현대성

'철학자의 세기' 혹은 '백과전서파의 세기'로 불리는 프랑스의 18세기에 부알로에 대한 평가는 긍정과 부정이 뒤엉켜 있었다.

철학자이자 어린 시절 부알로에게 수학한 경험이 있던 볼테르는 스스로를 시대의 개혁자이면서 동시에 부알로가 남긴 문학적 규범의 계승자라고 여겼다. 하지만 부알로에 대한 그의 평가는 양가적이었다. 볼테르의 서간시 《부알로께 바치는 내 유언*À Boileau, ou Mon testament*》은 이를 가장 잘 보여 준다. 볼테르는 부알로를 "몇몇 좋은 작품을 쓴 괜찮은 작가Boileau, correct auteur de quelques bons écrits"라고 평가하며 시를 시작한다. 이 표현에서 알 수 있듯, 볼테르는 자신의 스승에 대한 절대적 존경의 표현을 자제했다. 볼테르에게 부알로는 화려한 상상력보다는 엄격한 규칙과 절제가 빛나는 인물이었고, 바로 그 점이 부알로의 진정한 가치라고 강조한다. 하지만 볼테르는 계몽사상가답게 시대가 달라졌음을 강조하며, 새로운 진리와 사회적 요구가 문학의 방향을 바꾸어야 한다고 믿었다.

백과전서파의 수장이었던 디드로Denis Diderot는 볼테르보다 더 냉정한 평가를 내린다.《백과전서》'미학' 항목과 '천재' 항목에서 부알로의《시학》을 인용하며 규칙을 초월한 창조적 힘을 강조한다.

또한 18세기 극작 이론의 새로운 지평을 연 작품으로 평가받는《희극에 관하여》(1758년)에서 그는 부알로의《시학》을 직접적으로 비판했다. 부알로가 강조한 이성적 구성과 엄격한 형식 대신 관객의 감정 이입과 현실적 표현을 강조하던 그의 비판은 단순한 공격이 아니라, 문학적 혁신과 창의적 표현을 위한 것이었다. 부알로적 규범과 디드로적 자유가 만들어 내는 극한의 대조는 18세기 프랑스의 문학사적 긴장을 잘 보여 주는 예다.

1793년 공포정치 시기에는 부알로의 묘비가 '왕정의 협력자'라는 이유로 훼손당하는 수난을 겪기도 했다.

1827년 빅토르 위고는 낭만주의 운동의 이론적 토대가 된 그의 희곡《크롬웰》서문에서 "고전주의의 '시간과 장소의 통일성' 등 엄격한 규칙들을 비판하며, 부알로의 규칙은 우리 시대의 족쇄les règles de

Boileau sont les fers de notre temps"라 선언하면서, 부알로의 규범적 미학의 한계를 벗어날 것을 종용한다.

그러나 낭만주의 시대 작가들의 부알로에 대한 평가가 부정 일변도였던 것은 아니다. 1844년 생트뵈브Charles-Augustin Sainte-Beuve는 《문학의 초상*Portraits littéraires*》에서 "진정한 낭만주의는 부알로의 자연주의와 모순되지 않는다"고 주장했다. 부알로에게 비판적이었던 발자크Honore de Balzac도 "부알로는 풍자로 계급을 초월한 인간 본질을 보여주었다"며 사회적 리얼리즘의 선구자적인 면을 재평가하기도 했다.

전 세계에 제국주의적 애국주의가 판을 치던 19세기 말부터 20세기 초까지 '위대한 프랑스'를 강조하는 역사관과 문학관이 대세를 이루면서, 프랑스의 영광의 세기였던 17세기 고전주의 문학에 대한 평가는 최고점을 찍는다. 당연하게도 고전주의의 대표적 작가였던 부알로에 대한 평가도 19세기 낭만주의자들에 의해 절하되었던 부분이 회복되며 소르본대학의 문학교과서 중 부알로의 작품들은 단연코 가장 중요한 교재가 되었다.

20세기 후반, 소르본 진영의 반대편에 서 있던 롤랑 바르트Roland Barthes나 들뢰즈Gilles Deleuze 등도 부알로에 대한 언급을 빠뜨리지 않았다. 그들의 평가는 대부분의 소르본 교수들의 평가처럼 전통적 찬양은 아니었지만, 프랑스 문학의 정점이었던 시기를 대표하는 이론가이자 시인이었던 부알로의 가치를 인정하는 입장이었다.

2005년에는 부알로 전집이 디지털 텍스트로 서비스되기 시작했고, 필기체 원고의 디지털 분석이 시작되었다. 2011년 구글 도서는 《시학》의 1,200개 판본 비교 프로젝트를 진행했다. 2016년 AI 연구팀이 부알로의 시적 스타일을 모방한 알고리즘을 개발하며 "기계가 쓴 시가 진정한 자연을 반영할 수 있는가?"라는 새로운 논의를 촉발시켰다.

부알로 탄생 389주년인 2025년 현재, 그의 문학적 유산은 여전히 프랑스 문학에 영향을 주고 있다. 《시학》은 프랑스 고등학교와 대학교의 문학 교과서에 수록되어 문학사를 공부하고 연구하는 많은 사람들에게 영감을 주고 있으며, 프랑스에서만 단행본으로 매년 3만 부 이상 판매되고 있다.

옮긴이 후기

부알로는 프랑스 17세기를 대표하는 문학이론가이자, 당대에 가장 큰 영향력을 지닌 비평가였다. 《부알로의 시학》(이하 《시학》)은 그의 대표작이다.

고전주의 원칙과 이론을 종합적으로 집대성한 《시학》에 대한 평가는 1674년 프랑스에서 초판이 출간되던 당시부터 양분되었다. 《시학》의 신랄한 비판의 대상이 된 작가들은 즉각 응수했지만, 출판업자들은 앞다투어 그의 작품을 출판하려 들었고, 각종 살롱과 작가 모임은 부알로를 환대했다. 출간 직후인 17세기 후반부터 프랑스를 비롯한 유럽에서는 문학을 공부하는 사람이라면 누구나 부알로의 《시학》을 암송하기에 이르렀다. 18세기와 19세기를 거치는 동안, 이 책은 문학-미학 논쟁의 중심에 위치하면서 시인과 비평가들에게 일종의 입문서 겸 교본으로 인식되었다. 19세기 낭만주의 시대에 부알로는 경직된 규칙을 옹호하는 고전주의 수장으로서 낭만주의자들의 공격의 표적이 되기도 했다. 그러나 20세기 들어 부알로의 《시학》은 다양한 역사적 고증과 연구를 통해 그 보편적 가치를 더 이상 의심받지 않게 되었다.

부알로의《시학》에는 고전주의의 핵심 원칙인 '진실다움', '예법', '간결함', 그리고 '자연스러움'에 대한 그의 이론적 성찰과, 그 이론을 자신의 시구 속에서 직접 구현하려 했던 고뇌의 흔적이 고스란히 담겨 있다. 부알로의《시학》이 동시대인들에게 인정받을 수 있었던 가장 큰 이유는 이 작품이 이론 따로, 실천 따로의 형태가 아니라 부알로의 실천적 미학주의에 근거했기 때문이라고 볼 수 있다.

부알로의《시학》이전에 나온 대다수의 문학이론서들은 문학적 가치와 그 영향에 있어 부알로의 작품과 비교할 만한 것이 못 되며, 내용에 있어서도 균형을 잃거나 편파적이라는 한계를 지니고 있었다. 부알로의《시학》은 거의 모든 장르를 아우르면서 17세기 고전주의 원칙을 집대성한 작품으로, 경직된 이론을 넘어 당시의 관심과 취향을 수용함으로써 전문가는 물론 일반인에 이르기까지 폭넓은 독자층의 욕구를 충족시킬 수 있었다.

결국 부알로의《시학》이 문학 비평서로 높은 가치를 인정받게 된 것은, 방대한 자료들을 다루었다는 사료적 가치에서도 그 이유를 찾을 수 있겠지만, 더욱 근본적인 이유는 부알로가 완벽한 작시법을 구사하는 가운데, 시의 형식 자체를 비평의 도구로 활용했기 때문이다. 부알로는 비평의 대상이 되는 작품을 능숙한 솜씨로 비틀어 재인용하기도 하고, 자신이 주장하는 문학적 가치를 12음절 시구, 알렉상드랭 속에서 직접 구현했다. 또한 내용상으로는 쉽게 드러나지 않는 풍자와 패러디를 시라는 형식을 빌려 한껏 펼쳐 놓았다. 뿐만 아니라 각종 수사학 이론서가 그의 작품을 빼놓지 않고 인용할 정도로, 부알로의 《시학》은 수사학적 측면에서도 탁월한 예시본으로 남아 있다.

시학과 미학에 있어 부알로의 영향력은 프랑스에만 국한되지 않는다. 그의 《시학》은 국경을 넘어 서양 문학에서 고전주의의 기준을 세우는 데 큰 역할을 한다. 예를 들어, 영국 신고전주의 시대에 부알로의 《시학》이 새뮤얼 존슨, 존 드라이든, 알렉산더 포프와 같은 시인들에게 미친 영향은 새삼 강조할 필요가 없다. 낭만주의자들의 거센 반발에도 불구하고, 그의 《시학》은 이후 고전주의적 원칙에 따라 시를 창작하려는 수많은 사람들에게 소중한 지침서로 남았다. 그가 제시한 시작법의 미학적 가치는 어떤 특정 시대에 국한되는 것이 아니었기 때문이다.

부알로의 《시학》은, 좁게는 프랑스 문학사의 가장 핵심적인 사조였던 '고전주의'를 이해하기 위해, 좀 더 넓게는 근대의 여명기에서 21세기에 이르는 서구 문학의 흐름을 이해하기 위해 반드시 숙독해야 할 필독서다.

프랑스 이외의 국가에서도 부알로 《시학》의 가치는 이미 그가 생존해 있을 때부터 인정받았다. 1683년 영국에서 최초의 번역이 나왔고, 1697년에는 포르투갈에서도 번역이 이루어졌다. 그의 사후에는

1730년 독일, 1737년 스페인, 1752년 러시아, 1806년에는 이탈리아에서 번역되었다. 1934년에는 일본에서도 약 50쪽의 주석이 첨부된 번역서가 나왔다.

우리말 번역서로는 곽동준 교수가 2005년 출간한《부알로의 시학》(동문선)이 있다. 이 번역서는《시학》의 전문을 번역한 후 각 장 사이에 해설을 끼워 넣은 에르비에M. Hervier의 연구서《부알로의 시학, 연구와 분석》(Mellottee, 1949)과 동일한 형태로 구성되어 있다. 그리고 그 번역의 해설은 에르비에 해설의 일부를 옮겨 놓은 것이다. 에르비에의 연구는 부알로《시학》의 연구사에서 중요한 가치를 갖는다. 그러나 거의 80여 년 전에 쓰인 이 연구서의 주장들 중에는 이제 더 이상 유효하지 않은 것이 많다. 더구나《시학》의 문학사적 가치를 올바로 전달하기 위해서는 특정 연구자의 시각에 의존해서는 안 된다.

부알로의《시학》은 고전이다. 그러나《일리아스》나《오셀로》와 같은 의미에서 고전은 아니다.《시학》에는 장엄한《일리아스》나 비극적인《오셀로》의 상상적 가치와는 다른 차원의 가치가 있다.《시학》의 가치는 17세기 프랑스 작시법의 집대성이라는 문학사적 사료로서의 가치이자, 동시에 시법의 원칙을 가장 모범적으로 적용한 시구들로 이루어진 시작詩作의 모델로서의 가치다.《시학》의 번역을 수용하는 사람들이 기대하는 바는 부알로의 상상력에서 비롯되는 문학적 감동이 아니라 그의 연구자적 치밀함을 공유하며 17세기 프랑스 시작법에 대한 정보를 얻는 일일 것이다.

외국어 원전의 번역은 원전의 성격에 따라 번역 원칙이 달라져야 한다. 《일리아스》나 《오셀로》 같은 픽션류 고전의 번역은 그 텍스트가 주는 감동의 전달에 총력을 기울여야 한다. 따라서 번역자들에게는 원전의 문체적 특성을 훼손하지 않는 범위에서 상대적으로 큰 자유가 허용된다. 이때 번역은 단어가 지닌 의미를 단순히 전달하는 것이 아니라 원전의 언어 사용자와 번역어 사용자 간의 의미 반응 체계의 차이를 고려하여 원전의 감동에 가장 가까운 감동을 전달해 줄 수 있는 번역이 되어야 하기 때문이다.

그러나 논픽션류 고전의 번역은 다르다. 논픽션류 고전의 번역에서 가장 중요한 것은 문헌학적 해제, 즉 판본 연구를 비롯해 원전에 담긴 정보를 정확하게 전달하는 것이다. 이른바 텍스트의 의미 맥락을 우선시해야 한다거나, 번역된 우리말이 자연스러워야 한다는 이유로 원전을 왜곡하거나 심지어 첨삭을 주저하지 않으면서 원전의 문헌학적 가치를 심각하게 훼손하는 번역은 반드시 피해야 한다.

부알로 《시학》의 번역은 이러한 번역 철학을 바탕으로 진행되었음을 밝힌다.

2026년 1월

김익진

지은이 · 옮긴이 소개

지은이 _ **니콜라 부알로**(Nicolas Boileau-Despréaux, 1636~1711년)

17세기 프랑스 고전주의 문학 이론을 집대성한 시인이다. 파리의 법관 집안에서 열여섯 남매 중 열다섯째로 태어났으며, 1657년 아버지 사망 이후 법관의 길을 포기하고 문학에 전념했다. 같은 해 발표하기 시작한 《풍자시》 연작으로 문단의 주목을 받았다. 1674년 《시학》을 출간하여, 고대 그리스·로마 전통을 계승한 프랑스 고전주의의 원리와 규범을 체계적으로 정리했다. 이성과 명료함을 원칙으로 제시한 이 저작은 이후 18세기 중엽까지 고전주의 작가들의 창작에 이론적 토대가 되었다. 1677년 루이 14세의 역사기록관으로 임명되고 1684년 아카데미 프랑세즈에 입회하면서 그의 이론 역시 공식적 권위를 부여받았다. 알렉상드랭(12음절 시구)을 비롯한 다양한 시작법에 능통한 뛰어난 시인이었지만 당대에는 물론 낭만주의 이후에도 문학비평가로서 그리고 문학이론가로서의 위상이 더욱 강조되었다. 그의 《시학》은 아리스토텔레스와 호라티우스의 시학과 함께 서양 문학이론사에서 주요 준거로 인식되어 왔다.

옮긴이 _ **김익진**

고려대 불어불문학과를 졸업하고, 동대학원에서 불문학 석사학위를 받았으며, 파리10대학에서 프랑스 17세기 작가 몰리에르에 관한 연구로 불문학 박사를 받았다. 현재 강원대 불어불문학과 교수이다. 저서로는 《몰리에르의 삶과 연극》, 《적정인문학으로서의 인문치료》, 《프랑스 뮤지컬의 이해》 등이 있고, 역서로는 《아내들의 학교》, 《몰리에르 희곡선》, 《몰리에르 3부작》, 《타르튀프》 등이 있다.